Rezepte für Zwei

Clevere Ideen für morgens, mittags und abends

EINFACH HAUSGEMACHT

Impressum

Herausgeber: Einfach Hausgemacht-Redaktion
Hülsebrockstraße 2-8, 48165 Münster
Tel.: 02501/801-8795
Fax: 02501/801-58623
Internet: www.einfachhausgemacht.de
E-Mail: redaktion@einfachhausgemacht.de

Chefredaktion: Wolfgang Koschny

Layout: Krea'Tec – Grafik, Konzeption und Datenmanagement
im Landwirtschaftsverlag GmbH, Münster
Fotos/Rezepte: Manuela Rüther für Einfach Hausgemacht
Lektorat: Dorothee Herold und Monika Römer
Verlag: Landwirtschaftsverlag GmbH, 48084, Telefon: 02501/801-0, www.lv.de,
service@einfachhausgemacht.de

Druck: Westermann Druck Zwickau GmbH, Zwickau

1.Auflage 2014
© Landwirtschaftsverlag GmbH, Münster-Hiltrup, 2014

ISBN 978-3-7843-5344-9

Liebe Leserinnen und Leser!

Haben Sie schon einmal daran gedacht, Ihren Partner beim nächsten Frühstück mit selbst gemachten Milchbrötchen, einem köstlichen Avocado-Erdbeeraufstrich oder einem Smoothie zu überraschen? Wollten Sie nicht schon immer einmal mittags eine leckere Kürbissuppe auf den Tisch stellen, obwohl Sie nur einen Gast erwarten? Oder wie wäre es denn, am Abend in trauter Zweisamkeit statt des üblichen Butterbrots einen schnell gemachten mediterranen Brotsalat oder eine Bauernpfanne mit Ei auf den Tisch zu zaubern? Mit unserer Sammlung „Rezepte für Zwei" wollen wir Ihnen gerne dabei helfen, etwas anderes auszuprobieren. Etwas Einfaches, etwas Hausgemachtes.

Sie sollten dabei keine Sorgen haben, dass sich der vielzitierte „Aufwand nur für uns zwei" nicht lohnt! Wir haben es selbst ausprobiert: Ob es die Snacks waren oder die Rezepte für ein festliches Dinner – die von uns bekochten Gäste wollten direkt am nächsten Tag wiederkommen.
Wir hoffen, dass auch Sie auf so viel Begeisterung stoßen, wenn Sie unsere „Rezepte für Zwei" ausprobieren.
Wir wünschen Ihnen viel Spaß damit – und guten Appetit!

Ihre Einfach Hausgemacht-Redaktion

Inhalt

Morgens

Selbst gemachtes Bircher Müsli
mit Obst und gerösteten Kernen 10

Obstsalat mit Nüssen, Feigen und Datteln 12

Milchbrötchen 14

Brot aus der Pfanne 16

Bananen-Schokoaufstrich 18

Kirschenröster 18

Avocado-Erdbeeraufstrich 20

Crostini mit Erbsen-Basilikumpüree 22

Zitronen-Salzbutter 24

Englisches Frühstück:
Baked Beans mit Speck und Spiegelei 26

Birnen-Buttermilch-Smoothie 28

Holunder-Bananen-Smoothie 28

Frühstücksspeck mit Honig und Thymian 29

Mittags

Hokkaido-Kürbissuppe mit Thymian 32

Tomaten-Pfirsich-Gazpacho 34

Rote Linsensuppe mit Hähnchen 36

Schafskäse im Filoteig 38

Kleine Pfannkuchen
mit Speck und Frühlingszwiebeln 40

Frittata mit Mangold, Rosinen und Gewürzen 42

Kräuter-Schnitzelchen
mit grünem Spargelsalat 44

Pasta mit Hack, Pinienkernen
und grünen Bohnen 46

Kartoffelauflauf mit Speck und Walnüssen 48

Paprika-Kartoffel-Eintopf mit Schweinefleisch ... 50

Bunte Reispfanne mit Fisch und Nüssen 52

Wir backen immer bei Ober-/Unterhitze, wenn nichts anderes angegeben ist.

Abends

Dessert

Sandwich mit Linsen-Möhren-Aufstrich und Feldsalat 56

Matjesvariationen auf Brot 58

Gebeizter Saibling auf Roggenbrot 60

Mediterraner Brotsalat 62

Hähnchen-Paprikasalat im Fladenbrot 64

Bauernpfanne mit Ei 66

Gemüse-Couscous mit Minze 68

Bacon-Eggs 70

Bratkartoffeln aus rohen Kartoffeln mit Speck und Zwiebeln 72

Grüne Gemüsequiche 74

Flammkuchen mit Birne, Blauschimmel und Radicchio 78

Zitronenpudding mit Karamell 82

Joghurt-Kirscheis mit weißer Schokolade am Stiel 84

Erdnuss-Karamellbonbons mit Rosmarin 86

Apfel-Crumble im Glas 88

Himbeer-Schokotartes 90

Weckmänner 92

Kleiner Frankfurter Kranz 94

Beerensorbet mit Sekt 97

Inhalt

Snacks

Hausgemachte Müsliriegel 100

Laugenbrezel mit Salzbutter 102

Curry-Chili-Nüsse mit Honig 104

Gemüsechips 106

Grissini mit Parmesan, Oliven und Kräutern 108

Käsegebäck mit Pistazien und Thymian 111

Würstchen im Laugenteig 112

Zitronenlimonade 114

Draußen

Orientalischer Reissalat 118

Gegrillte Gemüse mit Zitronendressing 120

Gegrillter Radicchio mit Feigendressing
und gerösteten Nüssen 122

Forelle vom Grill 124

Fischspieße mit Limetten-Joghurtdip 126

Hähnchenspieße mit Speck und Thymian 128

Kirschketchup 130

Zitronenmayonnaise 131

Dinner

Lachstatar im Glas 134

Tomatensuppe mit Brotchips 136

Ziegenkäsetarte mit karamellisierten Orangen . . 138

Garnelen mit Kokos-Currygemüse 140

Schwertfisch-Involtini mit Pfifferling-Risotto 142

Rollbraten zu Fenchelsalat 144

Käsefondue mit Gemüse 147

Steak mit selbst gemachten Fritten 148

Lammkarree mit Pinienkern-Basilikum-Kruste
und Rotweinschalotten 150

Morgens

Frühstück wird in der Woche oft verschmäht, ist dafür aber am Wochenende oder im Urlaub umso beliebter. Darum finden Sie hier viele Rezepte, die bei einem ausgiebigen Schlemmerfrühstück nicht fehlen sollten. Aber auch Frühstücksmuffel kommen mit einem leckeren Smoothie auf ihre Kosten. Und mit ein bisschen Vorbereitung am Vortag steht am nächsten Morgen auch ein leckeres, selbst gemachtes Müsli auf dem Tisch.

Selbst gemachtes Bircher Müsli mit Obst und gerösteten Kernen

1 Orange
2 Äpfel
2 TL Honig
1 Banane
150 g Joghurt
2 EL Haferflocken oder geschrotetes
Getreide wie Weizen oder Dinkel
150 ml Milch
2 TL Sonnenblumenkerne
1 EL Haselnüsse
1 EL Kokosflocken
2 EL saure Sahne

Die Orangen auspressen, Äpfel waschen, grob raspeln und mit dem Orangensaft und dem Honig in einer großen Schüssel vermischen. Die Banane zerdrücken und mit dem Joghurt dazugeben. Alles gut verrühren. Haferflocken oder Getreide und Milch zum Schluss untermischen. Das Müsli gut verschlossen mindestens 6 Stunden kalt stellen.

Sonnenblumenkerne, Haselnüsse und Kokosflocken in einer kleinen Pfanne ohne Fett goldbraun rösten. Jeweils zwei Drittel Nüsse und die saure Sahne ins Müsli rühren. Das Müsli auf 2 Schüsselchen verteilen und mit den restlichen Nüssen bestreuen.

TIPP Dinkel- oder Weizenkörner schmecken am besten, wenn Sie sie vor dem Einweichen frisch mahlen.

Zimt, Vanille oder
Orangenschale
verleihen dem Müsli
besondere Aromen.

Obstsalat mit Nüssen, Feigen und Datteln

Alle Früchte waschen. Die Limette und Orange auspressen. Die Birne vierteln, entkernen und in dünne Spalten schneiden. Birnenspalten zusammen mit Limetten- und Orangensaft in eine Schüssel geben. Erdbeeren putzen und vierteln, Trauben halbieren und entkernen. Beides zu den Birnen geben. Feigen achteln, Datteln halbieren und zusammen mit den Blaubeeren dazugeben.

Das Obst vorsichtig vermischen und mit Ahornsirup und Zimt abschmecken. Den Salat 30 Minuten ziehen lassen. In der Zwischenzeit Zucker in einer Pfanne schmelzen und die Walnüsse bei geringer Hitze darin karamellisieren. Die Kerne auf Backpapier abkühlen lassen und grob hacken. Vor dem Servieren Walnüsse und Minzblättchen über den Obstsalat streuen.

TIPP Im Winter kann man auf gefrorene Beeren und getrocknete Soft-Feigen zurückgreifen.

1 Birne
1 Limette
1 Orange
100 g Erdbeeren
100 g grüne Trauben
2 frische Feigen
100 g Blaubeeren
6 Datteln ohne Kern
1 EL Ahornsirup
½ TL Zimt
2 EL brauner Zucker
50 g Walnüsse
einige Blätter frische Minze

Milchbrötchen

Für ca. 8 Brötchen

250 g Weizenmehl, Type 405
1 TL Salz
10–15 g frische Hefe
1 EL Honig
150 ml lauwarme Milch
40 g weiche Butter

Weizenmehl mit etwas Salz in einer großen Schüssel mischen. In die Mitte eine Mulde drücken. Die Hefe hineinbröseln, mit dem Honig beträufeln und 2 Minuten warten. Die Honig-Hefe mit der Hälfte der Milch und wenig Mehl zu einem dickflüssigen Vorteig verrühren. Diesen mit Mehl bestäuben und 15 Minuten an einem warmen Ort ruhen lassen.

Anschließend Butter, übriges Salz und die restliche Milch dazugeben und alles zu einem glatten Teig verkneten. Den Teig zu einer Kugel formen, in eine Schüssel geben und mit einem feuchten Küchentuch bedecken. An einem warmen Ort so lange gehen lassen, bis sich sein Volumen verdoppelt hat. Das dauert 20–30 Minuten.

Ein Backblech mit Backpapier auslegen. Den Teig nochmals kräftig kneten, 5 Minuten ruhen lassen und zu einer länglichen Rolle formen. Die Rolle in 6–8 Portionen teilen und daraus runde Brötchen rollen. Die Brötchen auf das Backblech setzen, kreuzförmig einritzen und mit etwas Mehl bestäuben. Weitere 10–15 Minuten gehen lassen.

Währenddessen den Backofen auf 200 Grad vorheizen und eine feuerfeste Schale mit warmem Wasser auf den Backofenboden stellen. Milchbrötchen in den Ofen schieben. Nach 10 Minuten die Hitze auf 180 Grad reduzieren, das Wasser herausnehmen und die Brötchen in 10–15 Minuten fertigbacken.

TIPP Praktisch ist es, die schon geformten, ungebackenen Brötchen auf einer Platte einzufrieren. Nach dem Auftauen lässt man sie 15–20 Minuten gehen und backt sie anschließend. Auch frische Hefe lässt sich gut verpackt problemlos einfrieren.

Brot aus der Pfanne

Für 1 Brot (ca. 24 cm Ø)

20 g frische Hefe
1 TL Honig
etwa 220 ml lauwarmes Wasser
150 g Weizenmehl
120 g Weizen- oder Dinkelvoll-
kornmehl
1 TL Salz
Butterschmalz oder Öl zum Braten

Die Hefe in ein Glas füllen, mit dem Honig beträufeln und 2 Minuten warten. Anschließend mit der Hälfte des Wassers glattrühren.

Mehl und Salz in einer Schüssel mischen. Den Hefeansatz und das restliche Wasser unter Rühren zugeben und alles zu einem glatten, sehr zähflüssigen Teig verarbeiten. Falls nötig, noch etwas Wasser zugeben. Den Teig mit einem Tuch bedecken und bei Zimmertemperatur 30 Minuten gehen lassen.

Eine beschichtete Pfanne mit Butterschmalz oder Öl einfetten. Den Teig in die Pfanne geben, vorsichtig etwas flach drücken und den Deckel auflegen. Bei geringster Temperatur etwa 10–15 Minuten backen. Den Brotfladen wenden, die Pfanne eventuell noch einmal fetten und das Brot in weiteren 10 Minuten fertig backen. Auf einem Gitter etwas abkühlen lassen und lauwarm oder kalt servieren.

TIPP Vollkornmehl schmeckt am besten frisch gemahlen. In vielen Bio- oder Naturkostläden kann man Dinkel oder Weizen vor Ort frisch mahlen. Lassen Sie am besten gleich eine größere Menge mahlen, da sonst der Schrotanteil zu hoch wird.

Bananen-Schokoaufstrich

Für 1 Schraubglas (200 ml)

1 Banane
1 TL frisch gepresster
Orangensaft
kandierter Ingwer nach
Geschmack
50 g Zartbitterschokolade
50 EL Sahne

Die Banane schälen und mit der Gabel zerdrücken. Den Orangensaft unter die Bananenmasse rühren. Den Ingwer sehr fein hacken und ebenfalls unterrühren.

Die Schokolade fein hacken. Die Sahne erhitzen und die Schokolade unter Rühren darin schmelzen. Die homogene Schokoladensahne mit der Bananenmasse verrühren. Den Aufstrich anschließend in ein Schraubglas füllen und 1–2 Stunden im Kühlschrank fest werden lassen. Der Schokoaufstrich hält sich im Kühlschrank 2–3 Tage.

TIPP Aromatisieren Sie den Aufstrich statt mit Ingwer mit Zimt, etwas Orangenschale oder gehackter Minze.

Kirschenröster

Für 1 Schraubglas (300 ml)

250 g Kirschen
2 Zimtstangen
½ Vanilleschote
1 unbehandelte Orange
2 EL brauner Zucker
500 ml Portwein
1–2 TL Speisestärke

Den Backofen auf 200 Grad vorheizen. Kirschen waschen, entsteinen und mit den Zimtstangen in eine ofenfeste Form legen. Vanilleschote halbieren, das Mark herauskratzen und dazugeben. Die Orange heiß abwaschen und abtrocknen. 10 cm Schale mit einem Sparschäler abschälen, den Saft auspressen und beides über die Kirschen geben. Den Zucker über die Kirschen streuen und den Portwein angießen.

Die Kirschen 20 Minuten im Backofen backen. Fertige Kirschen auf ein Sieb geben, den Saft auffangen. Kirschsaft aufkochen und um die Hälfte reduzieren. Speisestärke mit wenig kaltem Wasser anrühren und den Kirschsaft damit leicht binden. Saft nochmals aufkochen und die Kirschen wieder dazugeben. Den Kirschenröster heiß oder kalt servieren.

TIPP Ausgekratzte Vanilleschoten nicht wegwerfen. Einfach in ein Schraubglas mit Zucker legen, einige Tage ziehen lassen und den Zucker als selbst gemachten Vanillezucker verwenden. Auf die gleiche Weise lassen sich Orangen- oder Zitronenschalen zu aromatisiertem Zucker verarbeiten.

Avocado-Erdbeeraufstrich

1 reife Avocado
1 TL frisch gepresster Zitronensaft
10 Erdbeeren
einige Basilikumblätter
½ TL grüner Pfeffer
Salz
2 Scheiben Bauernbrot

Die Avocado halbieren und entkernen. Das Fruchtfleisch mit einem Löffel herauslösen und den Zitronensaft darüberträufeln. Alles mit einer Gabel zerdrücken.

Erdbeeren putzen. 4 Erdbeeren zur Seite legen. Die restlichen fein würfeln. Basilikumblättchen waschen, trockenschütteln und fein klein schneiden, grünen Pfeffer in einem Mörser grob zerstoßen und beides zur Avocado geben. Alles verrühren und mit Salz abschmecken.

Die beiden Bauernbrotscheiben toasten. Den Avocado-Erdbeeraufstrich auf den Brotscheiben verteilen und mit den restlichen Erdbeeren garnieren.

TIPP Harte Avocados reifen nach. Am besten neben Bananen, Orangen oder Äpfeln in die Obstschale legen. Diese Früchte geben das Reifegas Ethylen ab.

Crostini mit Erbsen-Basilikumpüree

4 kleine Scheiben Mischbrot
250 g Erbsen
15 Basilikumblättchen
75 g Frischkäse
Salz, Pfeffer
Zucker
8 Scheiben Bacon

Die Erbsen in 125 ml Salzwasser etwa 10 Minuten kochen. Sofort in kaltem Wasser abschrecken. Die Basilikumblättchen grob hacken. Mit den Erbsen pürieren. Den Frischkäse unterheben. Die Creme mit Salz, Pfeffer und etwas Zucker kräftig abschmecken.
Das Mischbrot toasten. Den Bacon in einer Pfanne kross anbraten. Die Brotscheiben mit dem Erbsenmus bestreichen. Mit dem Bacon und Basilikumblättchen garnieren.

TIPP Das getoastete Brot mit einer Knoblauchzehe einreiben.

Zitronen-Salzbutter

2 unbehandelte Zitronen
1–2 TL brauner Zucker
1–2 Zweige Estragon
125 g zimmerwarme Butter
1 Prise Salz

Zitronen waschen und mit einem Tuch gut abputzen. Schale einer Zitrone fein reiben. Anschließend beide Zitronen auspressen. Zitronensaft und den Abrieb in einen Topf geben. Den Zucker dazugeben, alles aufkochen und bei geringer Hitze um ein Drittel reduzieren. Abkühlen lassen.

Estragon waschen, trockenschütteln, Blätter abzupfen und fein hacken. Estragon und Butter schaumig aufschlagen. Das Zitronenkonzentrat unterrühren und die Butter mit Salz abschmecken. Mit Folie abdecken und im Kühlschrank mindestens 1 Stunde ziehen lassen.

TIPP Die Zitronenbutter lässt sich problemlos einfrieren. Sie können also gleich die doppelte Menge auf Vorrat anrühren. Um sie gut zu verpacken, geben Sie die weiche Butter auf ein Stück Folie und rollen Sie diese wie eine Wurst fest ein. Nun können Sie je nach Bedarf Stücke abschneiden. Die Butter schmeckt auch zu Gegrilltem.

Englisches Frühstück:
Baked Beans mit Speck und Spiegelei

Für die Bohnen:
75 g kleine, weiße Bohnen
2 Zweige Bohnenkraut
2 Zweige Thymian

Für die Tomatensoße:
1 Zwiebel
1 Dose/Pck. Tomatenstücke, 400g
1 Lorbeerblatt
1 – 2 TL Zuckerrübensirup
Salz
frisch gemahlener Pfeffer

Zum Überbacken:
6 Scheiben Frühstücksspeck
2 Eier

Außerdem:
gebutterter Toast
Öl oder Butterschmalz zum Braten

Die Bohnen über Nacht in kaltem Wasser einweichen. Wasser abgießen und Bohnen in einen Topf mit frischem Wasser geben. Bohnenkraut und Thymian waschen, trockenschütteln, dazugeben und alles aufkochen. Die Hitze zurückschalten und die Bohnen in 40 Minuten bissfest garen. Abgießen.

Für die Tomatensoße die Zwiebel schälen und fein würfeln. In Öl oder Butterschmalz glasig anschwitzen. Tomatenstücke, Lorbeerblatt und Zuckerrübensirup dazugeben. Mit Salz und Pfeffer würzen und die Soße 30 Minuten köcheln lassen. Lorbeerblatt entfernen.

Den Backofen auf 200 Grad vorheizen. Die Tomatensoße mit den gekochten Bohnen vermischen und in eine große oder 2 kleine, feuerfeste Formen füllen. Mit den Speckstreifen belegen. 10 – 15 Minuten backen, bis der Speck kross ist.

Die beiden Eier vorsichtig aufschlagen, auf den Speck gleiten lassen und so lange weiterbacken, bis das Ei gestockt ist und die gewünschte Konsistenz hat. Das dauert je nach Geschmack 5 – 10 Minuten. Die überbackenen Bohnen mit gebutterten Toasts servieren.

TIPP Wer wenig Zeit hat, kann Baked Beans aus der Dose verwenden. Das englische Frühstück lässt sich nach eigenem Gusto erweitern: Minibratwürstchen, gebratene Champignons, Salzbutter und Orangenmarmelade. Dazu reicht man schwarzen Tee mit viel Milch.

Birnen-Buttermilch-Smoothie

Für ca. 700 ml Smoothie

2 reife Birnen
500 ml Buttermilch
1 TL Honig
½ TL Zimt

Die Birnen waschen, vierteln, entkernen und in Scheiben schneiden. Birnenscheiben mit Buttermilch, Honig und Zimt in einen Mixer geben. Alles einige Minuten fein pürieren.

Den Smoothie in Gläser füllen, wenn man ihn sofort trinken möchte. Ansonsten füllt man ihn am besten in eine Flasche mit Schraubverschluss. Den Smoothie kühl lagern und in 48 Stunden aufbrauchen. Der Smoothie schmeckt zum Frühstück oder einfach zwischendurch.

TIPP Zur Deko die Glasränder mit gehackten Pistazien verzieren. Dazu 30 g Pistazien fein hacken, die Ränder der Smoothie-Gläser mit Wasser befeuchten und in die Pistazienstücke drücken.

Holunder-Bananen-Smoothie

Für ca. 700 ml Smoothie

1 große Banane
300 g Joghurt
150 ml Holundersaft
2 TL Lavendelhonig
100 ml stilles Mineralwasser

Die Banane schälen, in grobe Stücke schneiden und in einen Mixer geben. Joghurt, Holundersaft, Lavendelhonig und Wasser dazugeben. Alles auf höchster Stufe so lange mixen, bis ein cremiger Smoothie entstanden ist.

Den Smoothie in Gläser füllen, wenn man ihn sofort trinken möchte. Ansonsten füllt man ihn am besten in eine Flasche mit Schraubverschluss. Den Smoothie kühl lagern und in 48 Stunden aufbrauchen. Der Smoothie schmeckt zum Frühstück oder einfach zwischendurch.

Frühstücksspeck mit Honig und Thymian

Den Backofen auf 180 Grad vorheizen. Ein Backblech mit Backpapier auslegen, darauf ein Kuchengitter stellen. Die Speckscheiben so auf das Gitter legen, dass sie in den Zwischenräumen etwas durchhängen. So werden sie während des Backens schön wellig.
Den Speck in etwa 10 Minuten knusprig backen. Kurz vor Ende der Backzeit die Butter in einer Pfanne schmelzen. Thymian waschen, trockenschütteln, Blättchen abzupfen, mit dem Honig zur Butter geben und 1–2 Minuten bei geringer Hitze schwenken.

Die Thymian-Honigbutter gleichmäßig auf den heißen Speckscheiben verteilen. Mit Pfeffer würzen und sofort servieren. Dazu passen Baguette oder Brötchen.

- **150 g dünn geschnittener Frühstücksspeck**
- **1 TL Butter**
- **4 Zweige Thymian**
- **1 TL Honig**
- **frisch gemahlener Pfeffer**

Mittags

Eine feine Kürbis-Suppe gegen den kleinen Hunger? Oder doch lieber eine ganze Mahlzeit mit Schnitzelchen und Spargel? Die Vorlieben beim Mittagessen sind vielfältig. Deshalb finden Sie hier eine bunte Mischung an Einfach Hausgemacht-Gerichten, die zu jeder Jahreszeit lecker schmecken.

Hokkaido-Kürbissuppe mit Thymian

½ kleiner Hokkaido-Kürbis, ca. 300 g
2 Knoblauchzehen
1 Zwiebel
2–3 Zweige Thymian
1 Orange
2 EL Olivenöl
TL Curry
Salz
1 TL Honig
250 ml Gemüsebrühe
1 EL Butter
frisch gemahlener Pfeffer
2 EL leicht geschlagene Sahne

Den Kürbis waschen, halbieren, von den Kernen befreien und samt Schale in Würfel schneiden. Knoblauch und Zwiebeln schälen und ebenso würfeln. Thymian waschen und trockenschütteln.

Die Orange auspressen. Olivenöl in einem Suppentopf erhitzen und die Kürbisstücke zusammen mit 2 Thymianzweigen anbraten. Zwiebel- und Knoblauchwürfel zugeben. Alles mit Curry und Salz bestreuen und 1 Minute unter Rühren braten. Mit Honig beträufeln, umrühren und mit dem Orangesaft ablöschen. Mit Gemüsebrühe auffüllen.

Die Suppe bei mittlerer Hitze ungefähr 20 Minuten köcheln. Die Kräuter herausnehmen, die Butter hineingeben und die Suppe pürieren. Mit Salz, Honig und Pfeffer abschmecken. Falls die Suppe zu dick ist, mit Gemüsebrühe oder Wasser auf die gewünschte Konsistenz bringen.

Die übrigen Thymianblättchen abzupfen. Die Kürbissuppe auf Tellern verteilen und mit Sahne, Pfeffer und Thymian in Blättchen garniert servieren.

TIPP Hokkaido-Kürbis wird nur gewaschen und nicht geschält. Die Schale zerfällt während des Kochens und sorgt für eine schöne Farbe.

Snack für zwischendurch: Restliche Kürbishälfte in breite Spalten schneiden und mit etwas Knoblauchöl und Salz im Backofen garen.

Die Gazpacho ist eine gesunde Erfrischung für unterwegs. Einfach in Schraubgläser oder kleine Trinkflaschen füllen. Im Sommer darauf achten, dass die Suppe auch unterwegs kühl bleibt. Entweder einen Kühlakku dazulegen oder in einem Thermobecher transportieren.

Tomaten-Pfirsich-Gazpacho

400 g fruchtige, vollreife Tomaten
400 g fruchtige, vollreife Pfirsiche
2–3 Zweige Zitronenthymian, ersatzweise Thymian
6 Zweige Basilikum
4 EL Olivenöl
1 TL Zucker oder Honig (je nach Süße der Früchte)
Salz
frisch gemahlener schwarzer Pfeffer

Tomaten und Pfirsiche waschen, würfeln und in eine Schüssel gebenThymian und Basilikum waschen, trockenschütteln, die Blättchen abzupfen und zu den Früchten geben. Olivenöl ebenfalls dazugeben.

Alles mit Zucker oder Honig, Salz und Pfeffer würzen und kräftig umrühren. Mit dem Stabmixer oder in der Küchenmaschine fein pürieren.

Die Gazpacho im Kühlschrank mindestens 3 Stunden kühlen. Nochmals mit Salz, Zucker und Pfeffer abschmecken und kalt servieren.

TIPP Die Suppe schmeckt nur mit vollreifen Tomaten und Pfirsichen. Eine Alternative zu den frischen Tomaten sind San Marzano Tomaten aus der Dose. Das Mengenverhältnis von Tomaten und Pfirsichen ist variabel. Wer es weniger fruchtig mag, nimmt mehr Tomaten und weniger Pfirsiche.

Wer es feiner mag, passiert das Gazpacho nach dem Pürieren noch durch ein Sieb.

Rote Linsensuppe mit Hähnchen

Zwiebel, Knoblauch und Möhren schälen und fein würfeln. Zitrone auspressen. Hähnchenschenkel mit Salz und Pfeffer würzen. Etwas Olivenöl in einem Suppentopf erhitzen und die Hähnchenschenkel rundherum anbraten. Herausnehmen und beiseitestellen.

Zwiebel-, Knoblauch und Möhrenwürfel im selben Topf anbraten. Falls nötig, etwas Olivenöl nachgießen. Mit Kurkuma, Koriander und Kreuzkümmel bestreuen und unter ständigem Rühren 1–2 Minuten braten. Gemüse mit Salz, Cayennepfeffer, Honig und etwas Zitronensaft würzen. Anschließend mit 800 ml Wasser auffüllen und einmal aufkochen.

Die Hähnchenschenkel in die Suppe geben und 20 Minuten knapp unter dem Siedepunkt ziehen lassen. Hähnchen herausnehmen. Linsen und Kokosmilch in die Suppe geben, diese nochmals aufkochen und weitere 20 Minuten köcheln lassen. Falls die Suppe zu dickflüssig wird, noch Flüssigkeit nachgießen.

Die Suppe pürieren und mit Salz, Honig, Zitrone und Cayennepfeffer abschmecken. Hähnchenfleisch vom Knochen lösen, in mundgerechte Stücke zerteilen und in der Suppe erwärmen. Petersilie waschen, trockenschütteln, Blättchen abzupfen und fein hacken. Auf die Suppe streuen. Mit Joghurt servieren.

TIPP Die Linsensuppe lässt sich sehr gut auf Vorrat kochen und einfrieren. Wenn man die doppelte Menge zubereitet, lohnt es sich, statt 4 Hähnchenschenkeln ein Suppenhuhn zu nehmen.

1 große Zwiebel
2 Knoblauchzehen
2 Möhren
½ Zitrone
2 Hähnchenschenkel
Salz
frisch gemahlener Pfeffer
Olivenöl zum Braten
1 Msp. Kurkuma
1 Msp. gemahlener Koriander
1 Msp. Kreuzkümmel
1 Msp. Cayennepfeffer
1 TL Honig
150 g rote Linsen
200 ml Kokosmilch
einige Zweige Blattpetersilie
2 EL Naturjoghurt

Schafskäse im Filoteig

Für den Salat:
2 Handvoll Pflücksalate
1 TL Senf
2 EL heller Balsamicoessig
4 EL Olivenöl
1 Prise Zucker
1 Prise Salz
frisch gemahlener schwarzer Pfeffer

Für die Schafskäsepäckchen:
150 g Schafskäse
frisch gemahlener Pfeffer
4 Lagen Filoteig à 20 x 15 cm
1-2 EL Olivenöl

Pflücksalate waschen und zum Trocknen auf einem Tuch ausbreiten. Für die Vinaigrette Senf, Balsamicoessig, Olivenöl, Zucker, Salz und Pfeffer in ein Schraubglas geben und kräftig schütteln. Beiseitestellen.

Schafskäse halbieren und jedes Stück horizontal durchschneiden. Den Käse nach Geschmack mit etwas Pfeffer würzen und jedes Käsestück in Filoteig einpacken.

Öl in einer beschichteten Pfanne erhitzen und die Käsepäckchen in 3–4 Minuten rundherum goldbraun braten. Auf Küchenkrepp etwas abtropfen lassen. Pflücksalate währenddessen mit der Vinaigrette marinieren und zusammen mit dem Käse auf 2 Tellern anrichten.

TIPP Den übrigen Filoteig wieder gut in Folie verpacken, damit er nicht austrocknet. Man kann ihn einige Tage im Kühlschrank aufbewahren. Möchte man ihn länger lagern, sollte man ihn einfrieren.

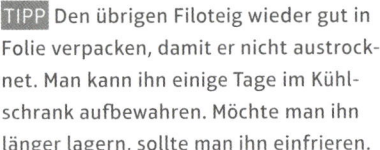

Kleine Pfannkuchen
mit Speck und Frühlingszwiebeln

Für 8–10 kleine Pfannkuchen

2 Eier
250 ml Milch
125 g Mehl
Salz
100 g durchwachsener Speck
3 Frühlingszwiebeln
100 g saure Sahne
Öl zum Braten

Eier in eine Schüssel geben und mit Milch, Mehl und Salz zu einem glatten Pfannkuchenteig verrühren. Den Teig gut abgedeckt im Kühlschrank 30 Minuten ruhen lassen.

Den Speck in dünne Streifen schneiden. Frühlingszwiebeln waschen, putzen und in feine Röllchen schneiden. Speck in einer Pfanne ohne Fett knusprig braten. Frühlingszwiebeln kurz mitbraten. Beides etwas abkühlen lassen und unter den Pfannkuchenteig heben.

Etwas Öl in einer beschichteten Pfanne erhitzen und goldgelbe Pfannküchlein backen.

Die saure Sahne glatt rühren und mit etwas Salz würzen. Zusammen mit den warmen Pfannkuchen servieren.

TIPP Statt Weizenmehl Buchweizenmehl verwenden. Das ist besonders für Menschen geeignet, die kein Gluten aus Weizenmehl vertragen.

Frittata mit Mangold, Rosinen und Gewürzen

Für die Tomatensoße:
1 Zwiebel
1 Dose/Pck. Tomatenstücke, 400g
1–2 TL Zuckerrübensirup
Salz
frisch gemahlener Pfeffer
Öl oder Butterschmalz zum Braten

Für die Frittata:
3 Eier
etwas frisch geriebene Muskatnuss
80 g Pecorino
2 EL Rosinen
250 g Mangold
1 Knoblauchzehe
1 kleine Zwiebel
frisch gemahlener Pfeffer
1 Msp. gemahlener Koriander
1 EL Butter zum Braten

Für die Tomatensoße die Zwiebel schälen und fein würfeln. In Öl oder Butterschmalz glasig anschwitzen. Tomatenstücke und Zuckerrübensirup dazugeben. Mit Salz und Pfeffer würzen und die Soße 30 Minuten köcheln lassen.

Für die Frittata die Eier verquirlen und mit etwas Muskat und Salz würzen. Pecorino reiben und zusammen mit den Rosinen unter die Eier rühren. Beiseitestellen.

Mangold waschen und gut abtrocknen. Die Stiele von den Blättern trennen und würfeln. Das Blattgrün in feine Streifen schneiden. Beides getrennt in Schüsseln geben und zur Seite stellen. Knoblauch und Zwiebel schälen und fein würfeln.

Butter in einer beschichteten Pfanne erhitzen und Zwiebel- und Knoblauchwürfel sowie Mangoldstiele darin 2–3 Minuten anbraten. Mit Salz, Pfeffer und Koriander würzen. Nun die Mangoldblätter dazugeben und unter Wenden 1 Minute weiterbraten.

Die Eimasse auf dem Gemüse verteilen. Bei mittlerer Hitze und mit geschlossenem Deckel goldbraun braten. Nun wenden: Die Frittata dazu mit einem Pfannenheber vom Rand lösen. Den Eierkuchen auf einen Teller gleiten lassen, mithilfe eines zweiten Tellers wenden und zurück in die Pfanne geben. Goldbraun braten und sofort mit der Tomatensoße servieren.

TIPP Frittata schmeckt auch kalt gut. In handliche Portionen geschnitten und in einer Vorratsdose verpackt, eignet sie sich als leckere Verpflegung für unterwegs.

Kräuter-Schnitzelchen mit grünem Spargelsalat

Für den Salat:
600 g grüner Spargel
150 g Kirschtomaten
1 Handvoll Basilikumblätter
1 Prise Salz
1 TL brauner Zucker
2 EL Balsamicoessig
frisch gemahlener Pfeffer
Olivenöl zum Braten

Für die Schnitzel:
4 Schweineschnitzel à 60 g
je 2 Zweige Thymian und Rosmarin
4 Zweige Basilikum
2 Eier
2 EL Sahne
50 g geriebener Parmesan
Salz
frisch gemahlener Pfeffer
2 EL Mehl
je 1 EL Öl und Butter zum Braten

Zunächst den Salat zubereiten. Dazu den Spargel im unteren Drittel schälen. Holzige Enden abschneiden. Dicke Spargelstangen der Länge nach halbieren und den Spargel in 3–4 cm lange Stücke schneiden. Kirschtomaten waschen. Basilikum waschen, trockenschütteln und Blättchen abzupfen.

In einer Pfanne Olivenöl erhitzen und die Spargelstücke darin anbraten. Sobald sie Farbe angenommen haben, die Kirschtomaten dazugeben. Alles mit Salz und Zucker bestreuen und 1 Minute schwenken. Mit Balsamicoessig ablöschen und in eine Schüssel füllen. Mit Pfeffer, Salz und Zucker nochmals abschmecken. Kurz vor dem Servieren die Basilikumblätter fein schneiden und unter den Salat mischen.

Für die Schnitzel das Fleisch etwas flachklopfen und in 8 Stücke schneiden. Thymian, Rosmarin und Basilikum waschen, trockenschütteln, die Blättchen abzupfen und fein schneiden. Kräuter zusammen mit Eiern, Sahne und Parmesan in einen Suppenteller geben und gut verquirlen. Das Mehl in einen zweiten Suppenteller füllen.

Die Schnitzel von beiden Seiten mit Salz und Pfeffer würzen und anschließend in Mehl wenden. Überschüssiges Mehl abklopfen und das Fleisch durch die Ei-Parmesan-Masse ziehen.

Öl und Butter in einer Pfanne zerlassen und die Schnitzel bei mittlerer Hitze darin von beiden Seiten goldgelb braten. Auf dem lauwarmen Spargelsalat anrichten. Dazu schmeckt frisches Baguette.

TIPP Falls etwas von der Ei-Parmesan-Panade übrig ist, daraus kleine Eierkuchen braten. Die kommen besonders bei Kindern gut an.

Pasta mit Hack, Pinienkernen und grünen Bohnen

200 g Kenia- oder Schnippelbohnen
Salz
1 Zwiebel
2 Knoblauchzehen
1 rote Paprika
1 – 2 Anchovis
50 g Pinienkerne
3 EL Olivenöl
250 g Gehacktes, halb und halb
1 TL Zucker
1 EL Sojasoße
frisch gemahlener Pfeffer
1 EL Tomatenmark
150 ml Weißwein
250 g Spaghetti
1 EL Butter
1 Handvoll Basilikumblätter
50 g Pecorino

Bohnen waschen, abtropfen lassen, putzen und in leicht gesalzenem Wasser 6 Minuten blanchieren. Auf ein Sieb gießen, kurz mit kaltem Wasser abbrausen. Anschließend in Stücke schneiden. Zwiebel und Knoblauch schälen und fein würfeln. Paprika waschen, entkernen und in dünne Streifen schneiden. Anchovis fein hacken. Pinienkerne in einer kleinen Pfanne ohne Fett goldbraun rösten.

Olivenöl in einer Pfanne erhitzen und das Hackfleisch darin anbraten. Zwiebel- und Knoblauchwürfel dazugeben und 2 Minuten mitbraten. Dann Paprikastreifen und Bohnenstücke dazugeben. Alles mit Zucker, Salz, Sojasoße und Pfeffer würzen und 1 Minute unter Rühren braten. Tomatenmark und Anchovis einrühren, 1 Minute weiterbraten. Anschließend mit dem Weißwein ablöschen. Die Flüssigkeit einkochen lassen. 100 ml Wasser angießen, aufkochen und die Soße beiseitestellen.

Die Spaghetti in reichlich gesalzenem Wasser al dente kochen, auf ein Sieb gießen und abtropfen lassen. Die Hackfleischsoße nochmals aufkochen, Butter einrühren und die Nudeln in der Soße 1 – 2 Minuten schwenken. Die Basilikumblätter waschen, trockenschütteln, fein schneiden und zusammen mit den Pinienkernen unter die Pasta rühren. Die Nudeln anrichten und den Pecorino darüberreiben.

TIPP Beim Nudelnkochen etwas vom Nudelwasser auffangen. Damit lässt sich die Soße verlängern. Übrig gebliebene Nudeln kann man mit Nudelwasser besser wieder erwärmen.

In Salz eingelegte Anchovis halten sich sehr lange im Kühlschrank und können z.B. zum Würzen von Tomatensoße verwendet werden.

Statt Spaghetti lässt sich das Gericht bestens mit Fussili oder Penne zubereiten.

Noch würziger wird der Auflauf, wenn man ihn vor dem Backen mit frisch geriebenem Parmesan oder Pecorino bestreut. Auch Feta oder Ziegenkäse passen gut.

Kartoffelauflauf mit Speck und Walnüssen

500 – 600 g Kartoffeln
Salz
1 Zwiebel
1 Knoblauchzehe
100 g durchwachsener Speck
einige Zweige Majoran
1 Bund Schnittlauch
125 g Crème fraîche
125 ml Milch
2 Eier
etwas frisch geriebene Muskatnuss
50 g Walnüsse
Butter zum Braten und für die Form

Die Kartoffeln waschen und in Salzwasser fast gar kochen. Anschließend pellen, eventuell halbieren und in Scheiben schneiden. Zwiebel und Knoblauch schälen und fein würfeln. Speck in kleine Würfel schneiden. Majoran und Schnittlauch waschen, trockenschütteln und beiseitelegen.

Den Speck mit 1 EL Butter in eine Pfanne geben und knusprig braten. Zwiebel und Knoblauchwürfel unterrühren und 2 – 3 Minuten weiterbraten.

Den Backofen auf 180 Grad vorheizen. Eine Auflaufform ausbuttern und die Kartoffeln einschichten. Mit Speck- und Zwiebelwürfeln bestreuen. Die Crème fraîche mit der Milch und den Eiern verrühren, anschließend mit Muskat und Salz würzen. Majoranblättchen abzupfen, hacken und unterrühren. Die Mischung über die Kartoffeln geben.

Den Auflauf 20 Minuten backen. Die Walnüsse hacken und den Auflauf kurz vor Ende der Garzeit damit bestreuen. Den Schnittlauch in Röllchen schneiden und vor dem Servieren über den Auflauf geben.

TIPP Wer keinen Speck mag, kann ihn durch Räuchertofu ersetzen. Er wird wie Speck mit Zwiebeln und Knoblauch angebraten und dann über die Kartoffeln gestreut.

Paprika-Kartoffel-Eintopf mit Schweinefleisch

500 g Schweinenacken
je 1 kleine rote, gelbe und
grüne Paprika
200 g Kartoffeln
1 Zwiebel
2 Knoblauchzehen
2 Zweige Thymian
Salz
frisch gemahlener Pfeffer
1 Lorbeerblatt
1 Dose/Pck. Tomatenstücke, 400 g
1 EL Tomatenmark
1 Msp. Paprikagewürz
1 Handvoll Basilikumblätter
Olivenöl zum Anbraten

Den Backofen auf 160 Grad vorheizen. Fleisch in Würfel schneiden. Die Paprikaschoten halbieren und entkernen, die Kartoffeln schälen und beides grob würfeln. Zwiebel und Knoblauch schälen und würfeln. Thymian waschen und trockenschütteln.

Olivenöl in einem Bräter erhitzen. Das Fleisch von allen Seiten anbraten. Anschließend mit Salz und Pfeffer würzen. Thymian und Lorbeerblatt dazugeben.

Paprika, Kartoffeln, Zwiebel und Knoblauch zum Fleisch geben und 2–3 Minuten mitbraten. Tomatenstücke mit Tomatenmark, Paprikagewürz sowie 200 ml Wasser dazugeben, umrühren und alles aufkochen. Einen Deckel auflegen. Den Eintopf im Backofen bei 160 Grad ca. 60 Minuten garen.

Den Eintopf vor dem Servieren auf die gewünschte Konsistenz einkochen und nochmals mit Salz und Pfeffer abschmecken. Die Basilikumblätter waschen, trockenschütteln, fein schneiden und zuletzt in den Eintopf geben. Dazu passt frisches Weißbrot.

TIPP Schweinefleisch schmeckt am besten, wenn es von einer feinen Fettschicht durchzogen ist. Das Fett ist ein Geschmacksträger und sorgt außerdem dafür, dass das Fleisch beim Schmoren schön saftig bleibt.

Falls etwas übrig bleibt: Der
Eintopf schmeckt am nächsten
Tag doppelt gut. Wer ein wenig
Zeit hat, bereitet gleich eine
größere Menge zu und friert
den Eintopf portionsweise ein.

Die Fischfilets vor dem Braten besser
in 4 kleine als in 2 große Portionen
teilen. Ungeübte können so Fischfilets
besser in der Pfanne wenden.

Bunte Reispfanne mit Fisch und Nüssen

Für die Reispfanne:
100 g Basmatireis
Salz
1 EL Cashewkerne
1 rote Paprika
3 Frühlingszwiebeln
frisch gemahlener Pfeffer
1 EL Butter und nach Belieben
etwas Sesamöl zum Braten

Für den Dip:
1 Zitrone
70 g Joghurt
Salz

Für den Fisch:
300–350 g Kabeljaufilet
Salz
frisch gemahlener Pfeffer
1–2 Zweige Rosmarin oder Thymian
Öl und 1–2 TL Butter zum Braten

Für die Reispfanne 250 ml leicht gesalzenes Wasser aufkochen. Den Basmatireis hineingeben, den Deckel auflegen und den Reis bei geringer Hitze 15–20 Minuten garziehen lassen. Er ist fertig, wenn alles Wasser aufgesogen ist.

Währenddessen für den Dip die Zitrone waschen und halbieren. Eine Hälfte für die Garnitur beiseitelegen. Die andere Hälfte auspressen. Joghurt mit etwas Zitronensaft und Salz abschmecken und bis zum Servieren kalt stellen.

Cashewkerne in einer Pfanne ohne Fett goldbraun rösten. Paprika und Frühlingszwiebeln waschen. Paprika vierteln, entkernen und in feine Streifen schneiden. Frühlingszwiebeln in Ringe schneiden.

In einer Pfanne oder einem Wok die Butter und nach Belieben etwas Sesamöl erhitzen. Paprikastreifen 2 Minuten braten, dann die Frühlingszwiebeln dazugeben und 1 Minute mitbraten. Mit Salz, Pfeffer und einem Spritzer Zitronensaft würzen. Reis und Cashewkerne dazugeben und darin erwärmen. Unterdessen für den Fisch die Kabeljaufilets waschen, trockentupfen und in 4 Stücke schneiden. Die Fischstücke von beiden Seiten leicht mit Salz und wenig Pfeffer würzen. Kräuterzweige waschen und trockenschütteln. Wenig Öl mit den Kräutern in einer beschichteten Pfanne erhitzen. Fisch bei mittlerer Hitze darin von beiden Seiten in 1–2 Minuten goldbraun braten. Die Hitze reduzieren, etwas Zitronensaft und Butter in die Pfanne geben und die Fischstücke kurz darin schwenken.

Die Reispfanne auf Tellern anrichten, die Fischstücke samt Butter daraufgeben und mit der beiseite gelegten Zitronenhälfte servieren.

TIPP Der restliche Reis schmeckt auch am nächsten Tag: Einfach mit einem Ei vermischen und als Reiscracker in der Pfanne backen.

Abends

Nach einem anstrengenden Tag den Abend in vollen Zügen genießen? Wer das möchte, findet hier passende Ideen für ein fulminantes Abendbrot. Wie wäre es zum Beispiel mit den Bacon-Eggs? Während sie im Ofen blitzschnell gar werden, können Sie schon mal den Tisch decken.

Sandwich mit Linsen-Möhren-Aufstrich und Feldsalat

Für den Aufstrich:
1 Zwiebel
2 Knoblauchzehen
200 g Möhren
6 EL Olivenöl
1 EL Tomatenmark
1 EL Kreuzkümmel
2 Lorbeerblätter
100 g rote Linsen
Salz
frisch gemahlener Pfeffer

Für den Salat:
2 Handvoll Feldsalat
1 Schalotte
1 TL Senf
2 EL Weißweinessig
3 EL Sonnenblumenöl
Salz
frisch gemahlener Pfeffer

Außerdem:
80 g Ziegenkäserolle
4 – 6 Scheiben Mischbrot
oder Vollkornbrot
2 Scheiben roher Schinken

Für den Aufstrich Zwiebel und Knoblauch schälen und würfeln. Möhren schälen und in dünne Scheiben schneiden.

1 Esslöffel Olivenöl in einem großen Topf oder einer Pfanne erhitzen und Zwiebel, Knoblauch und Möhren darin anschwitzen. Tomatenmark, Kreuzkümmel, Lorbeerblätter und Linsen unter Rühren zugeben. Salzen, pfeffern und alles mit 250 ml Wasser aufgießen. Linsen und Möhren bei geringer Hitze in 25 – 30 Minuten weich kochen.

Lorbeerblätter entfernen und die Masse im Mixer pürieren. Dabei das übrige Olivenöl einrühren. Den Aufstrich erkalten lassen und in ein Glas füllen.

Für den Salat Feldsalat putzen. Die Schalotte schälen, fein hacken und zusammen mit dem Senf in eine Schüssel geben. Mit Essig und Öl zu einer Vinaigrette verrühren. Diese mit Salz und Pfeffer abschmecken. Den Feldsalat mit der Vinaigrette marinieren.

Ziegenkäse in Scheiben schneiden. Die Brotscheiben dick mit Linsencreme bestreichen und einige Blätter Feldsalat darauf anrichten. Mit Käse und Schinken belegen und sofort servieren. Den restlichen Feldsalat dazu reichen.

TIPP Linsencreme hält sich einige Tage im Kühlschrank, wenn der Aufstrich in einem sauberen Glas und gut verschlossen gelagert wird. Möchte man eine größere Menge vorbereiten, lässt er sich gut einfrieren. Als Alternative zum Ziegenkäse bieten sich fast alle würzigen und schnittfesten Käsesorten an.

Matjesvariationen auf Brot

6 Matjesfilets
2 Baguettebrötchen oder
4 Graubrotscheiben
Salz
frisch gemahlener Pfeffer

Für die Variation mit Meerrettich:
1 rote Zwiebel
einige Zweige Dill
1 EL Meerrettich
1–2 EL saure Sahne
1 TL frisch gepresster Zitronensaft
Zucker
Salz
frisch gemahlener Pfeffer

Für die Variation mit Roter Bete:
100 g gekochte Rote Bete
1 kleiner Apfel
2 Gewürzgurken
etwas Schnittlauch
10 Walnüsse
1 EL Crème fraîche
1–2 EL weißer Balsamicoessig
Zucker
Salz
frisch gemahlener Pfeffer

Fischfilets in mundgerechte Happen schneiden und in 2 Schüsseln geben.

Für die Variation mit Meerrettich die Zwiebel schälen, halbieren und in dünne Scheiben schneiden. Dill waschen, trockenschütteln, Blättchen abzupfen und fein hacken. Beides zum Fisch geben. Für die Soße Meerrettich, saure Sahne, Zitronensaft, 1 Prise Zucker, Salz, und Pfeffer verrühren. Über den Salat geben, alles vermischen und mit Salz und Pfeffer abschmecken.

Für die Variation mit Roter Bete, die Rote Bete schälen. Den Apfel schälen, vierteln und entkernen. Rote Bete, Apfel und Gewürzgurken würfeln. Schnittlauch waschen, trockenschütteln und in Röllchen schneiden. Walnüsse hacken, in einer Pfanne ohne Fett rösten. Alles zum Fisch geben. Crème fraîche mit dem Essig verrühren. Mit 1 Prise Zucker, Salz und Pfeffer abschmecken. Über den Salat geben und vorsichtig vermischen.

Beide Matjesvariationen auf aufgeschnittenen, gerösteten Baguettebrötchen oder Brotscheiben anrichten.

TIPP Statt Brot schmecken auch Pellkartoffeln zum Matjes.

Bei Matjes unbedingt auf Qualität achten.
Die Saison für Matjes beginnt Ende Mai, dann
schmecken die Fische am besten. Nieder-
ländische Matjesfilets sind weniger salzig
und deshalb milder.

Gebeizter Saibling auf Roggenbrot

Für den gebeizten Saibling:
2 kleine Saiblingfilets
100 g grobes Meersalz
100 g Zucker
1 ½ Zitronen
½ Bund Dill

Für die Honig-Senf-Soße:
1 TL Zitronensaft
1 EL Honig
2 EL Senf
Salz
3 EL Sonnenblumenöl
einige Zweige Koriander
frisch gemahlener Pfeffer

Außerdem:
1 Stück Gurke
4–6 Scheiben Roggenvollkornbrot
oder Pumpernickel
Butter zum Bestreichen
Gurke und Koriander zum Garnieren

Für den gebeizten Saibling die Filets mit einer Pinzette von Gräten befreien. Salz und Zucker in einer Schüssel vermischen. Zitronen vierteln und in dünne Scheiben schneiden. Dill waschen, trockenschütteln, Blättchen abzupfen und hacken. Beides mit dem Salz-Zucker-Gemisch verrühren.

1 großes Stück Frischhaltefolie ausbreiten. Darauf die Hälfte des Zitronengemisches geben. Ein Saiblingfilet mit der Hautseite nach unten darauflegen. Etwas Salz-Zucker-Gemisch darübergeben, jedoch ohne Zitronenstücke. Das zweite Filet mit der Fleischseite nach unten auflegen. Das restliche Zitronengemisch auf dem oberen Fischfilet verteilen.

Den Fisch-Doppeldecker gut in Folie einpacken und in eine flache Form legen. Den Fisch im Kühlschrank 4–5 Stunden beizen. Das Päckchen zwischendurch einmal umdrehen.

Für die Honig-Senf-Soße Zitronensaft mit Honig, Senf, 1 Prise Salz und Pfeffer in eine Schüssel geben. Das Sonnenblumenöl unter Rühren einlaufen lassen und so lange rühren, bis eine cremige Soße entstanden ist. Koriander waschen und einige Zweige beiseitelegen. Restliche Korianderblättchen abzupfen, fein schneiden und unter die Soße rühren.

Saiblingfilets gut abspülen und mit Küchenkrepp trockentupfen. Den Fisch mit der Hautseite nach unten auf ein Arbeitsbrett legen. Nun mit einem scharfen Messer dünne Scheiben abschneiden. Gurke in Stücke schneiden.

Die Brotscheiben mit Butter bestreichen. Jeweils eine Scheibe mit Saibling belegen und eine zweite Scheibe auflegen. Kleine Happen schneiden. Diese nach Belieben mit Zahnstochern fixieren und mit Gurke und Koriander garnieren. Die Soße dazu servieren.

Mediterraner Brotsalat

¼ Baguette vom Vortag
2 Knoblauchzehen
4 EL Olivenöl
1 TL Fleur de Sel oder grobes Meersalz
1 rote Spitzpaprika
1 Zucchini
je 1 Zweig Thymian und Rosmarin
1 EL Kapern
10 schwarze Oliven
Salz
frisch gemahlener Pfeffer
1 TL Honig
2 TL frisch gepresster Zitronensaft
1 kleine Fenchelknolle
150 g Kirschtomaten
2 EL Weißweinessig
1 Handvoll Rucola
1 Handvoll Basilikumblätter

Für die Brotchips den Backofen auf 180 Grad vorheizen. Das Baguette in hauchdünne Scheiben schneiden und diese nebeneinander auf ein Backblech legen. Knoblauchzehen schälen und in dünne Scheiben schneiden. Brotscheiben mit einigen Spritzern Olivenöl beträufeln, mit der Hälfte des Knoblauchs und mit dem Salz bestreuen. Auf der mittleren Schiene im Backofen in 10–15 Minuten goldbraun rösten. Die Chips herausnehmen, den Backofen auf 200 Grad einstellen.

In der Zwischenzeit Paprika waschen, vierteln, entkernen und in Streifen schneiden. Die Zucchini waschen, putzen und in Scheiben schneiden. Thymian und Rosmarin waschen und trockenschütteln. Gemüse und Kräuter zusammen mit Kapern und Oliven auf ein Backblech legen. Restliche Knoblauchscheiben darübergeben und mit Salz und Pfeffer würzen. Alles mit 2 EL Olivenöl, Honig und Zitronensaft beträufeln und gut vermengen. Gemüse im vorgeheizten Ofen 15–20 Minuten rösten. Abkühlen lassen.

Die Fenchelknolle waschen, putzen und in sehr feine Streifen schneiden oder hobeln; mit Salz und Pfeffer verkneten. Die Kirschtomaten waschen und halbieren. Fenchel und Tomaten mit dem Ofengemüse in einer Schüssel mischen. Mit Essig, Pfeffer und eventuell etwas Salz abschmecken.

Rucola und Basilikumblätter waschen und trockenschütteln. Kurz vor dem Servieren zusammen mit den gerösteten Brotscheiben unter den Salat rühren.

TIPP Diesen Salat kann man auch mit anderen Gemüsesorten anrichten, zum Beispiel machen sich Auberginen und rote Zwiebeln als Ofengemüse gut darin.

Hähnchen-Paprika-Salat im Fladenbrot

Für 2 gefüllte Brote

300 g Hähnchenbrust
Salz
frisch gemahlener Pfeffer
4 junge Knoblauchzehen
je 2 Zweige Thymian und
Rosmarin
1 EL Honig
100 ml Weißwein
1 Zitrone
7 EL Olivenöl
2 EL Sojasoße
2 Schalotten
je 1 kleine rote und gelbe
Paprika
1 Prise Zucker
1 Handvoll Rucola
2 kleine Fladenbrote
2 EL saure Sahne

Hähnchenbrust kalt abbrausen, trockentupfen und mit Salz und Pfeffer gut würzen. Knoblauchzehen schälen und vierteln. Kräuter waschen und trockenschütteln.

2 EL Olivenöl in einer Pfanne erhitzen und die Hähnchenbrust zusammen mit dem Knoblauch und den Kräutern darin von allen Seiten anbraten. Das Fleisch mit Honig beträufeln, einmal wenden und mit Weißwein und 100 ml Wasser ablöschen.

Den Weißweinsud einmal aufkochen, dann die Hitze reduzieren. Einen Deckel auflegen und das Hähnchen 8–10 Minuten bei sehr geringer Temperatur ziehen lassen.

Hähnchenbrust herausnehmen, etwas abkühlen lassen und in Streifen schneiden. Den Sud in der Zwischenzeit um zwei Drittel einkochen. Mit dem Saft einer halben Zitrone, Olivenöl und Sojasoße verrühren. Über den Hähnchensalat gießen und gut vermischen.

Schalotten schälen und in Ringe schneiden. Paprika vierteln, entkernen und in Streifen schneiden. 1 EL Olivenöl erhitzen und das Gemüse darin anbraten. Mit Salz, Pfeffer, 1 Prise Zucker und einem Schuss Zitronensaft würzen. Das Gemüse mit dem marinierten Hähnchen vermischen und mindestens 1 Stunde ziehen lassen.

Den Hähnchensalat nochmals abschmecken. Rucola waschen, trockenschütteln und kurz vor dem Servieren mit dem Hähnchensalat vermischen. Fladenbrote im Backofen kurz rösten und halb aufschneiden. Je 1 EL saure Sahne hineinstreichen und den Hähnchen-Paprika-Salat in die Fladenbrote füllen. Sofort servieren.

TIPP Der Salat schmeckt am nächsten Tag noch einmal so gut. Rucola sollte man aber erst kurz vor dem Essen untermischen.

Bauernpfanne mit Ei

**500 g gekochte Pellkartoffeln
vom Vortag
1 rote Paprika
2 Frühlingszwiebeln
150 g geräucherte Mettwurst,
z. B. Cabanossi
2 EL Olivenöl
4 Eier
Salz
frisch gemahlener Pfeffer
1 EL Butter**

Kartoffeln pellen, halbieren und in nicht zu dünne Scheiben schneiden. Paprika waschen, entkernen und würfeln. Frühlingszwiebeln waschen, putzen und in Ringe schneiden. Die Räucherwurst in Scheiben schneiden.

Olivenöl in einer großen Pfanne erhitzen und die Kartoffelscheiben von allen Seiten goldbraun rösten. Nun die Paprika dazugeben und 5 Minuten mitbraten. Zuletzt die Frühlingszwiebeln und Wurstscheiben hineingeben. Mit Salz und Pfeffer würzen. So lange schwenken, bis alle Zutaten erhitzt sind.

In einer zweiten Pfanne Butter erhitzen und 4 Spiegeleier braten. Die Eier mit Salz würzen, auf die Bratkartoffeln legen und servieren.

TIPP Geräucherte Wurst immer nur kurz erwärmen. Brät oder kocht man sie zu lang, wird sie trocken und zäh. Spiegeleier immer erst nach dem Braten salzen, so behält das Eigelb seine leuchtende Farbe.

Gemüse-Couscous mit Minze

100 g Couscous
Salz
ca. 4 EL Olivenöl
ca. 4 EL frisch gepresster
Zitronensaft
100 g Salatgurke
6 Radieschen
2 kleine Möhren
je 2 Zweige frische Minze,
Blattpetersilie und Basilikum
frisch gemahlener Pfeffer
1 TL Honig
1 Becher Naturjoghurt

Den Couscous in eine Schüssel füllen. 1 Prise Salz, 3 EL Olivenöl, 2 EL Zitronensaft und 200 ml kochendes Wasser darübergießen. Die Schüssel abdecken und zur Seite stellen.

Währenddessen das Gemüse waschen und abtrocknen. Gurke und Radieschen fein würfeln. Möhren schälen und würfeln. Minze, Petersilie und Basilikum waschen, trockenschütteln, die Blättchen abzupfen und fein schneiden.

Couscous mit einer Gabel auflockern und das Gemüse und die Kräuter unterheben. Mit Salz, Pfeffer, Honig, Olivenöl und übrigen Zitronensaft abschmecken. Gemüse-Couscous mit Joghurt servieren.

TIPP Couscous ist besonders dann praktisch, wenn es schnell gehen soll. Der grobe Weizengrieß, der aus der nordafrikanischen Küche stammt, ist in wenigen Minuten fertig. Das heiße Einweichwasser kann nach Belieben aromatisiert werden: Lecker ist eine Gewürzmischung aus geröstetem und gemahlenem Kreuzkümmel und Koriander, etwas Sternanis, Kumin und Paprikagewürz. Aber auch Pfefferminz- oder Grüntee gibt dem Couscous eine interessante Note.

Bacon-Eggs

Für 4 Förmchen

ca. 100 g Bacon
4 Scheiben Toastbrot
4 EL geriebener Bergkäse
je 2 Zweige Oregano oder Thymian
4 Eier
½ Bund Schnittlauch
Salz
frisch gemahlener Pfeffer

Außerdem:
Butter zum Einfetten und Braten
Paniermehl zum Ausstreuen der Formen

Den Backofen auf 180 Grad vorheizen. 4 Soufflé-förmchen gut mit Butter einpinseln und mit Paniermehl ausstreuen. Mit Baconscheiben auslegen. Die Toastscheiben so ausstechen, dass sie genau in die Förmchen passen. Die Toastkreise in 1 EL Butter von beiden Seiten anrösten und auf Küchenkrepp etwas abtropfen lassen.

Je einen Toast in jede Form legen. Käse darauf verteilen. Kräuter waschen und trockenschütteln, die Blättchen abzupfen, hacken und darüberstreuen. In jedes Förmchen 1 Ei schlagen.

Die Förmchen in den Backofen schieben und den Inhalt so lange backen, bis die Eier die gewünschte Konsistenz haben. Das dauert etwa 15 Minuten. Schnittlauch waschen, trockenschütteln und fein schneiden. Fertige Bacon-Eggs mit Schnittlauch bestreuen, mit Salz und Pfeffer würzen und sofort servieren.

Bratkartoffeln aus rohen Kartoffeln mit Speck und Zwiebeln

500 g festkochende Kartoffeln
1 Zwiebel
50 g durchwachsener Speck
1 Zweig Rosmarin
2–3 EL Olivenöl
Salz
frisch gemahlener Pfeffer

Die Kartoffeln schälen, waschen und in Würfel von ungefähr 1,5 cm Kantenlänge schneiden. Kartoffelstücke in reichlich kaltem Wasser abspülen, auf ein Sieb geben und mit Küchenkrepp trockentupfen.

In der Zwischenzeit die Zwiebel schälen und fein würfeln, den Speck ebenfalls würfeln und Rosmarin waschen, trockenschütteln.

Olivenöl in einer beschichteten Pfanne erhitzen. Kartoffelwürfel zusammen mit dem Rosmarinzweig in 4–5 Minuten unter ständigem Schwenken goldbraun rösten. Zum Ende der Garzeit Speck und Zwiebeln dazugeben und alles mit Salz und Pfeffer würzen. Den Pfanneninhalt so lange rösten, bis die Speckwürfel knusprig sind. Nochmals abschmecken und sofort servieren.

Grüne Gemüsequiche

**Für 1 rechteckige Form (35 x 11 cm)
oder 1 runde Form (24 cm Ø)**

Für den Teig:
150 g Mehl
100 g Butter
150 g Magerquark
Salz

Für den Belag:
150 g Erbsen (frisch oder TK)
Salz
200 g Kenia-Bohnen
1 Knoblauchzehe
1 Handvoll Basilikumblätter
100 g Crème fraîche
50 ml Milch
1 Ei
frisch geriebene Muskatnuss
frisch gemahlener Pfeffer
80 g Ziegenkäserolle
25 g Pinienkerne

Außerdem:
Butter zum Einfetten

Für den Teig Mehl mit Butter, Quark und 1 Prise Salz gut verkneten. Den Teig zu einer Kugel formen, in Klarsichtfolie wickeln und mindestens 30 Minuten im Kühlschrank ruhen lassen.

Die Tarteform einfetten. Den Teig etwas größer als die Form ausrollen. Den Teig vorsichtig in die Form legen, die Ränder andrücken und den überstehenden Teig abschneiden. Den Boden mehrmals mit einer Gabel einstechen. Die ausgelegte Form 1 Stunde in den Kühlschrank stellen.

In der Zwischenzeit den Belag zubereiten: Dafür die Erbsen gegebenenfalls palen und in kochendem, gesalzenem Wasser blanchieren. Tiefgekühlte Erbsen benötigen 2 Minuten, frische Erbsen etwa 5–6 Minuten. Die Erbsen abgießen, das Wasser dabei auffangen und wieder aufkochen. Erbsen kalt abbrausen. Bohnen putzen und in kochendem Wasser 6 Minuten blanchieren. Herausnehmen und kurz kalt abbrausen. ▸

Die Knoblauchzehe schälen und sehr fein hacken. Basilikumblätter waschen, trocknenschütteln, abzupfen und fein schneiden. Beides in einer Schale mit Crème fraîche, Milch und dem Ei verrühren. Mit Salz, Muskatnuss und Pfeffer würzen. Den Ziegenkäse würfeln. Pinienkerne in einer Pfanne ohne Fett rösten.

Den Backofen auf 200 Grad vorheizen. Den Quicheboden 10 Minuten vorbacken. Den Backofen anschließend auf 180 Grad zurückschalten. Erbsen und Bohnen auf dem Boden verteilen. Den Guss darübergießen. Ziegenkäse und Pinienkerne darauf verteilen. Die Quiche 25–30 Minuten backen. Sie schmeckt warm genauso gut wie kalt.

TIPP Mürbeteig lässt sich wunderbar auf Vorrat zubereiten. Gut verpackt hält er sich einige Wochen im Kühlschrank.

In der Spargelsaison lässt sich die Quiche gut mit grünem Spargel und Tomaten zubereiten. Auch andere Gemüsekombinationen schmecken lecker: Paprika, Zucchini und Tomate beispielsweise. Oder Kohl, Speck und Zwiebel. Die Knoblauchmenge und die Kräuter sollte man allerdings dem jeweiligen Gemüse anpassen.

Flammkuchen mit Birne, Blauschimmel und Radicchio

Für 2 Flammkuchen

Für den Teig:
5 g Hefe
50 ml lauwarme Milch
1 Prise Zucker
Salz
2 TL Olivenöl
125 g Mehl

Für den Belag:
2 Birnen
1 Schalotte
50 g Blauschimmelkäse,
z. B. Roquefort oder Blue Stilton
150 g Schmand
½ kleiner Radicchio
1 TL grüner Pfeffer
50 g durchwachsener Speck
2 Zweige Thymian
2 TL Honig
Salz

Außerdem:
Mehl zum Ausrollen

TIPP Wenn es schnell gehen soll, kann Flammkuchen statt mit Hefeteig auch mit dünn ausgerolltem Blätterteig oder Strudelteig aus dem Kühlregal gebacken werden.

Für den Teig die Hefe zerbröseln und mit der Milch in eine Schale geben. 2 Minuten warten und gut verrühren. Mit Zucker, Salz, Olivenöl und Mehl zu einem glatten Teig verkneten. Den Teig mit einem feuchten Tuch bedecken und 30 Minuten an einem warmen Ort gehen lassen.

Ein Backblech mit Backpapier auslegen. Den Teig auf einer bemehlten Arbeitsfläche zu 2 dünnen Fladen ausrollen. Diese einige Minuten ruhen lassen. Dann nochmals etwas dünner ausrollen und die Fladen auf das Backblech legen. Für den Belag die Birnen vierteln, entkernen und in dünne Scheiben teilen. Die Schalotte schälen und in sehr dünne Ringe schneiden. Den Blauschimmelkäse mit der Gabel zerdrücken und in einer Schale mit dem Schmand vermengen. Radicchio waschen, putzen und in feine Streifen schneiden. Pfefferkörner mit einem Messer grob hacken. Speck würfeln. Thymian waschen, trockenschütteln und die Blättchen abzupfen.

Den Backofen auf 250 Grad vorheizen. Flammkuchen dünn mit dem Käse-Schmandgemisch einstreichen. Birnenscheiben und die Hälfte der Radicchiostreifen darauf verteilen. Schalotten und Speck darüberstreuen. Alles mit Salz und grünem Pfeffer würzen, mit Honig beträufeln und mit Thymianblättchen bestreuen.

Die Flammkuchen 10–15 Minuten backen, herausnehmen, mit den restlichen Radicchiostreifen bestreuen und servieren. Die Flammkuchen schmecken warm und kalt lecker.

Dessert

Etwas Süßes passt immer noch. Deshalb haben wir kleine, feine Rezepte für Sie ausgesucht, um die Mahlzeit je nach Belieben cremig oder süß zu beenden. Aber wir sind uns sicher: Der Zitronenpudding mit Karamell dürfte zum Nachmittagskaffee ebenso gut schmecken wie unser kleiner Frankfurter Kranz.

Zitronenpudding mit Karamell

Für 2 Dessertschälchen (à 250 g)

Für den Zitronenpudding:
1 Ei
12 g Speisestärke
250 ml Milch
60 g Zucker
1 Zitrone
40 ml frisch gepresster Zitronensaft

Für den Zitronenkaramell:
30 g Zucker
1 Zitrone

Für den Zitronenpudding eine Zitrone heiß abwaschen, trockenreiben, 10 cm Schale abschneiden und die Frucht auspressen. Das Ei trennen und das Eiweiß beiseitestellen. Das Eigelb mit der Stärke und 5 Esslöffeln kalter Milch glattrühren. Die restliche Milch mit dem Zucker und der Zitronenschale aufkochen. Zitronenschale herausnehmen und die angerührte Stärke in die kochende Milch rühren. Nochmals unter ständigem Rühren aufkochen und 40 ml Zitronensaft einrühren. 1 Minute kochen und den heißen Pudding in eine Schüssel füllen.

Das Eiweiß steif schlagen und mit einem Schneebesen unter den warmen Pudding ziehen.

Den Pudding in Dessertschälchen füllen und kalt stellen. Für den Zitronenkaramell die zweite Zitrone auspressen, den Zucker in einem Topf bei geringer Hitze karamellisieren. Mit 40 ml Zitronensaft ablöschen und einige Minuten dickflüssig einköcheln lassen.

Kurz vor dem Servieren die Karamellsoße unter Rühren erwärmen und heiß auf den Pudding träufeln.

TIPP Immer ganz frische Eier verwenden. Den Pudding möglichst noch am gleichen Tag essen. Falls der Zitronenkaramell beim Kochen zu sehr eingedickt ist, etwas mehr Zitronensaft hinzufügen und die Soße nochmals aufkochen.

Joghurt-Kirscheis mit weißer Schokolade am Stiel

Für 6 Eis am Stiel (à 80 g)

80 g entsteinte Kirschen
100 g Honig
300 g griechischer Joghurt
(10 % Fett)
250 g weiße Kuvertüre

Außerdem:
6 Eisformen à 80 g oder passende
Gläser
Für die Glasvariante zusätzlich
6 Eisstiele oder Pommesgabeln

Kirschen und Honig in ein Mixer geben und pürieren. Joghurt hinzugeben und nochmals mixen. Kirschmasse in die Eisformen füllen, diese verschließen und mindestens 12 Stunden tiefkühlen. Alternativ die Masse in Gläser füllen. Diese zunächst etwa 2 Stunden anfrieren lassen, dann die Stiele hineinstecken und weitere 10 Stunden tiefkühlen.

Die Kuvertüre grob hacken, in eine kleine Metallschüssel geben und im heißen Wasserbad schmelzen. Jedes Eis vorsichtig aus der Form lösen. Dazu am besten die Eisformen kurz in warmes Wasser tauchen.

Die Kuvertüre in eine hohe Tasse füllen und jedes Stieleis nacheinander zügig hineintauchen. Entweder sofort essen oder bis zum Verzehr zurück ins Gefriergerät legen.

TIPP Das Eis lässt sich problemlos 1–2 Wochen aufbewahren, daher ist es auch in einem Zweipersonenhaushalt sinnvoll, gleich mehrere Portionen zuzubereiten.

Nach dem Eintauchen bleibt immer etwas Kuvertüre übrig. Diese am besten in einer Dose mit Deckel an einem kühlen Ort aufheben und beim nächsten Mal wieder verwenden. Einmal erwärmte Schokolade kann man auch gut zum Backen verwenden.

Als Eisstiel eignen sich
auch Pommesgabeln

Erdnuss-Karamellbonbons mit Rosmarin

Für 1 Form (15 x 20 cm)

1–2 Zweige Rosmarin
60 g Butter
225 g brauner Zucker
60 ml Milch
1 Prise Salz
110 g Erdnussmus
100 g gesiebter Puderzucker

Die Form mit Wasser ausspülen und die noch feuchte Form mit Klarsichtfolie auslegen. So klebt die Folie und lässt sich schön glattziehen. Rosmarin waschen, trockenschütteln, Nadeln abzupfen und sehr fein hacken.

Rosmarin mit der Butter in einem kleinen Topf kurz aufkochen. Braunen Zucker, Milch und Salz dazugeben und einmal umrühren. Bei geringer Hitze ungefähr 3 Minuten köcheln lassen, dabei aber nicht mehr rühren.

Den Topf vom Herd nehmen. Das Erdnussmus und den gesiebten Puderzucker in die Karamellmasse rühren. Die Masse in die vorbereitete Form füllen und etwa 6 Stunden im Kühlschrank fest werden lassen.

Die Karamellplatte mithilfe der Folie aus der Form nehmen, in kleine Würfel schneiden und diese in Zucker wälzen. So kleben sie nicht zusammen. In einer Metalldose mit Deckel aufbewahren. An einem kühlen und trockenen Ort halten sich die Bonbons so mehrere Wochen.

TIPP Beim Karamellkochen sind drei Dinge besonders wichtig: 1. Beim Kochen nicht zu häufig umrühren, da der Zucker sonst „abstirbt". 2. Nie vom Herd weggehen, da Zucker blitzschnell anbrennt. 3. Auf keinen Fall mit den Fingern naschen – geschmolzener Zucker ist äußerst heiß.

Falls keine passende Form vorhanden ist, kann man eine größere Form nehmen und diese mit einem gefalteten Geschirrtuch verkleinern.

Apfel-Crumble im Glas

**Für 2 Schraub-
oder Weckgläser (à 250 ml)**

Für die Streusel:
50 g Butter
70 g Mehl
50 g Zucker
1 Prise Salz

Für die Füllung:
3 Äpfel
2 TL frisch gepresster Zitronensaft
½ TL Zimt
Butter zum Einfetten

Für die Streusel die Butter in einem Topf schmelzen. Mehl, Zucker und Salz in einer Schüssel gut vermischen. Lauwarme Butter langsam eingießen und die Zutaten mithilfe einer Gabel zu Streuseln verrühren. 20 Minuten kaltstellen.

In der Zwischenzeit die Füllung zubereiten. Die Äpfel schälen, entkernen und würfeln. Mit Zitronensaft und Zimt vermischen. 2 feuerfeste Gläser gut mit Butter einfetten.

Den Backofen auf 180 Grad vorheizen. Vorbereitete Äpfel in die Gläser füllen und gut andrücken. Streusel darauf verteilen und die Kuchen in 20–30 Minuten goldgelb backen. Heiß oder kalt genießen. Mit einem Schlag Vanillesahne schmeckt der Apfel-Crumble besonders lecker.

TIPP Wer Rosinen mag, mischt 1 EL unter die Äpfel. Statt Äpfel können auch frische schwarze Johannisbeeren und/oder Birnen für den Streuselkuchen im Glas verwendet werden. Die Streusel können gut auf Vorrat zubereitet werden, denn sie halten sich in einem gut verschlossenen Gefrierbeutel oder in einer Vorratsdose 1 – 2 Wochen im Kühlschrank. So kann man sich ganz schnell 2 Gläser Apfel-Crumble zubereiten.

Diese kleinen Portionskuchen machen sich auch gut auf einem Partybuffet. Zudem sind sie praktisch für Picknicks, als Reiseproviant oder als süßer Snack im Büro. Einfach den Deckel zuschrauben und mitnehmen.

Himbeer-Schokotartes

Falls etwas von der Tarte übrig bleibt, diese in Folie wickeln und im Kühlschrank aufbewahren. So hält sie sich 1–2 Tage frisch.

Für 2 Tartes (14 cm Ø)

Für den Mürbeteig:
125 g Mehl
und Mehl zum Bearbeiten
1 Prise Salz
60 g Butter
30 g Puderzucker
1 Eigelb
Butter zum Einfetten
300 g Himbeeren zum
Belegen und zum Garnieren

Für den Schokoladenteig:
20 g Butter
45 g Zartbitterkuvertüre
1 Ei
10 g Zucker

Für die Canache:
70 g Zartbitterkuvertüre
25 g Butter
80 g Sahne

Für den Mürbeteig Mehl und Salz mischen. Butter in Würfelchen schneiden und mit dem Zucker und dem Eigelb vermischen. Zum Mehl-Salz-Gemisch geben und alles rasch zu einem festen Teig verkneten. In Folie einwickeln und 30 Minuten kühl stellen.

Die Formen buttern. Den Teig auf der bemehlten Arbeitsfläche dünn ausrollen. 2 Kreise von 16 Zentimetern Durchmesser ausstechen und die Formen damit auslegen. Die überlappenden Ränder mit einem Messer sauber abschneiden. Die Böden mehrmals mit einer Gabel einstechen und mindestens 30 Minuten kühl stellen. Den Backofen auf 180 Grad vorheizen. Die Teigböden in der Ofenmitte 10 Minuten vorbacken. Herausnehmen und etwas abkühlen lassen. Währenddessen die Himbeeren waschen und auf einem Tuch zum Trocknen ausbreiten. 16 Himbeeren beiseitelegen, die restlichen halbieren und auf den Böden verteilen.

Nun den Schokoladenteig zubereiten: Dazu die Butter in einem kleinen Topf schmelzen und vom Herd nehmen. Kuvertüre fein hacken und in die heiße Butter geben. Beides zu einer homogenen Masse verrühren. Das Ei trennen. Das Eigelb schaumig schlagen und mit der

Butter-Schoko-Masse verrühren. Das Eiweiß mit Zucker steifschlagen und unter die Schokoladenmasse heben.

Den Backofen wiederum auf 180 Grad vorheizen. Schokoladenteig auf den Himbeeren verteilen und glattstreichen. Die Tartes 15–20 Minuten backen.

In der Zwischenzeit die Canache zubereiten: Dazu die Kuvertüre fein hacken und zusammen mit der Butter in ein hohes Gefäß geben. Sahne aufkochen und auf das Schokoladen-Butter-Gemisch gießen. 5 Minuten warten und alles zu einer homogenen Crème verrühren. Darauf achten, dass möglichst wenig Luft unter die Masse gerührt wird.

Die Canache auf den gebackenen Törtchen verteilen und fest werden lassen. Das dauert etwa 1 Stunde. Die Törtchen mit Himbeeren garnieren und servieren.

TIPP Den restlichen Mürbeteig in Folie wickeln oder in einen Gefrierbeutel füllen und gut verschließen. Er hält sich im Kühlschrank 1–2 Wochen.

Weckmänner

Für 2 Weckmänner

12 g frische Hefe
60 g Honig
100 ml lauwarme Milch
250 g Weizenmehl
1 Prise Salz
40 g zimmerwarme Butter
1 kleines Ei
4 Rosinen für die Augen
1 Eigelb und 2 EL Milch
zum Bestreichen

Außerdem:
2 Lollis zum verzieren

Für den Teig die Hefe in einer Schüssel zerbröseln und mit 1 TL Honig beträufeln. 2 Minuten warten, bis die Hefe sich aufgelöst hat. Anschließend mit dem restlichen Honig und der Milch glattrühren. Mit Mehl, Salz, Butter und dem Ei in 10 Minuten zu einem glatten Teig verkneten. Falls nötig, noch etwas Mehl oder Flüssigkeit hinzufügen.

Den Teig mit einem feuchten Küchentuch bedecken und an einem warmen Ort 30 Minuten gehen lassen. Teig abermals gut durchkneten, zu einer Rolle formen und weitere 10 Minuten ruhen lassen. Ein Backblech mit Backpapier auslegen.

Die Teigrolle in 2 gleich große Stücke teilen und diese wiederum zu Rollen formen. Jeweils ein kleines Stück für den Kopf abtrennen und dieses zu Kugeln formen.

Die beiden längeren Rollen mit etwas Abstand auf das Backblech legen, die Kugeln jeweils oben anlegen und etwas andrücken. Als Augen je 2 Rosinen in den Teig drücken; mit einem Zahnstocher eine Vertiefung für den Mund formen.

Nun die untere Hälfte der Weckmänner mit einem Messer längs halbieren. Daraus die Beine formen. Für die Arme links und rechts einen Schnitt am Oberkörper anbringen und die Arme etwas abspreizen. Das Eigelb mit der Milch verquirlen und die Weckmänner damit einstreichen. 10 Minuten ruhen lassen.

Währenddessen den Backofen auf 180 Grad vorheizen und eine Schale mit warmem Wasser auf den Backofenboden stellen. Die Weckmänner 10 Minuten backen, die Wasserschale herausnehmen und die Weckmänner in weiteren 10–15 Minuten fertigbacken. Sie sollen goldbraun werden. Die Weckmänner auf einem Gitter etwas abkühlen lassen. Nach Belieben mit wenig Puderzucker bestreuen und mit je 1 Lolli verzieren. Dazu passen Butter und Marmelade am besten.

TIPP Hefeteig lässt sich gut einfrieren, also gleich die doppelte Menge zubereiten. Den Teig packt man flach gedrückt in einen Gefrierbeutel oder in Folie und legt ihn bis zum Gebrauch in das Gefriergerät. Nach dem Auftauen sollte er gut durchgeknetet werden und so lange gehen, bis sich sein Volumen verdoppelt hat. Danach nochmals kneten und z.B. zu Weckmännern verarbeiten.

Kleiner Frankfurter Kranz

Für eine kleine Kranzform (18 cm Ø)

Für den Teig:
1 Msp. abgeriebene Schale
1 unbehandelte Zitrone
100 g weiche Butter
80 g Zucker
Mark ¼ Vanilleschote
3 Eier
150 g Mehl
50 g Speisestärke
1½ TL Backpulver
Erdbeermarmelade oder
Johannisbeergelee zum Füllen

Für die Buttercrème:
½ Pck. Vanille-Puddingpulver
250 ml Milch
1 Eigelb
50 g Zucker
125 g zimmerwarme Süßrahmbutter

Für den Krokant:
100 g gehackte Mandeln
50 g Zucker

Außerdem:
weiche Butter zum Einfetten
Kandierte Kirschen

Den Backofen auf 180 Grad vorheizen. Eine Kranzform mit Butter ausstreichen. Für den Teig in einer Schüssel mithilfe eines Rührgeräts die Zitronenschale mit Butter, Zucker und Vanillemark schaumig rühren. Die Eier nach und nach unterrühren. Das Mehl mit der Speisestärke und dem Backpulver mischen und zügig auf kleinster Stufe einrühren. Den Teig in die Form geben und in 25–30 Minuten goldbraun backen. Etwas abkühlen lassen und aus der Form lösen.

Für die Buttercrème das Puddingpulver mit 3 EL kalter Milch und dem Eigelb glattrühren. Die restliche Milch mit dem Zucker aufkochen. Das angerührte Puddingpulver einrühren und den Pudding einige Minuten unter ständigem Rühren kochen lassen. Vom Herd nehmen und unter gelegentlichem Rühren im Wasserbad auf Zimmertemperatur abkühlen lassen. ▶

Statt kandierter Kirschen kann man Amarenakirschen oder im Sommer frische Süßkirschen verwenden.

Die zimmerwarme Süßrahmbutter mit einem Rührgerät schaumig rühren. Sie sollte sehr cremig und weich sein. Den temperierten Pudding nun löffelweise und unter ständigem Rühren zur Süßrahmbutter geben. So lange weiterrühren, bis der Pudding vollständig eingearbeitet ist. Buttercrème beiseitestellen.

Für den Krokant die Mandeln in einer Pfanne ohne Fett erhitzen. Esslöffelweise den Zucker dazugeben, dabei mit einem Holzlöffel ständig rühren. Immer erst dann wieder einen Löffel Zucker dazugeben, wenn der vorige vollständig karamellisiert ist. So lange fortfahren, bis die Mandeln mit einer Karamellschicht ummantelt und keine Zuckerkristalle mehr zu sehen sind. Den Krokant auf einem Backblech auskühlen lassen.

Den abgekühlten Boden zweimal quer durchschneiden, sodass 3 Ringe entstehen. Jeden Ring mit Marmelade oder Gelee dünn bestreichen. Den unteren Ring gleichmäßig mit etwas Crème bestreichen und den

mittleren Ring auflegen. Darauf wiederum Buttercrème streichen und den oberen Ring auflegen. Nun den ganzen Kranz mit Buttercrème ummanteln. Dabei darauf achten, dass etwas Crème für die Rosetten übrig bleibt.

Den Kranz gleichmäßig mit Krokant bestreuen. Die übrige Crème in einen Spritzbeutel mit Sterntülle füllen und in gleichmäßigen Abständen Rosetten aufspritzen. Jede mit einer Kirsche belegen. Die fertige Torte vor dem Servieren am besten einige Stunden an einem kühlen Ort durchziehen lassen.

TIPP Wie die Buttercrème gelingt: Die Butter muss frisch und von bester Qualität sein. Ideal ist Süßrahmbutter. Es ist wichtig, dass Pudding und Butter die gleiche Temperatur haben. Außerdem darf man den Pudding nur löffelweise hinzugeben und immer erst dann einen weiteren Löffel zufügen, wenn der vorherige Löffel Pudding vollständig in die Butter eingearbeitet ist. Es besteht sonst die Gefahr, dass sich Butter und Pudding, also Fett- und Wasserbestandteile der Crème, trennen.

Beerensorbet mit Sekt

Für 400 g Sorbet

250 g gefrorene Blaubeeren
4 EL Agavendicksaft oder Honig
200 ml eiskalter Sekt
einige Blätter frische Minze

Die Blaubeeren in ein hohes Gefäß füllen und einige Minuten leicht antauen lassen. Beeren mit Agavendicksaft oder flüssigem Honig beträufeln und die Hälfte des Sekts dazugeben. Alles mit einem Mixstab möglichst zügig zu einer glatten Sorbetmasse pürieren. Das Sorbet 30 Minuten in das Gefriergerät stellen. Außerdem 2 Gläser kaltstellen. Die Minze waschen und trocken schütteln.

Kurz vor dem Servieren je eine Kugel Sorbet in jedes Glas füllen. Mit etwas Minze verzieren und mit Sekt aufgießen.

TIPP Das Sorbet schmeckt auch mit Himbeeren, Brombeeren oder Erdbeeren. Für Kinder nimmt man statt Sekt Apfelschorle oder Mineralwasser.

Wird das Sorbet einige Tage im Gefriergerät aufbewahrt, wird es naturgemäß hart. Daher vor dem Verwenden 10–15 Minuten bei Zimmertemperatur stehen lassen, dann cremig pürieren und nochmals im Gefriergerät 10 Minuten anfrieren. Nun lassen sich schöne Kugeln abstechen.

Die Gläser vor dem Befüllen ebenfalls ins Eisfach legen.

Snacks

Ob bei der Arbeit oder in der Schule, vor dem Fernseher oder „einfach nur so": Ein Snack zwischendurch ist eine feine Sache. Pistazien-Käsegebäck statt Chips beim Fussballabend? Würstchen im Laugenteig statt schnöde Hot Dogs? Oder lieber eine erfrischende selbst gemachte Limonade? Probieren Sie es aus!

Hausgemachte Müsliriegel

**Für 1 kleines Blech bzw.
1 Backrahmen 20 x 30 cm)**

30 g Butter
100 g Honig oder Sirup
50 g Zucker
50 ml frisch gepresster Orangensaft
50 g Rosinen
40 g Sonnenblumenkerne
150 g weiche Haferflocken
75 g gemahlene Haselnüsse
50 g Kokosraspel

Den Backofen auf 150 Grad vorheizen. Ein Backblech mit Backpapier auslegen. Falls nötig, einen Backrahmen von 20 x 30 cm daraufstellen.

Butter mit Honig oder Sirup und Zucker aufkochen. Anschließend mit dem Orangensaft verrühren und beiseitestellen.

Rosinen und Sonnenblumenkerne hacken. Zusammen mit den Haferflocken, Haselnüssen und Kokosraspeln in eine Schüssel geben. Mit der Butter-Orangensaft-Mischung übergießen und alles 1–2 Minuten gut durchkneten.

Die Masse etwa 1 cm hoch auf das Backblech bzw. in dem Backrahmen verteilen. Das Müsli dabei fest andrücken. In den Ofen schieben und die Platte etwa 25 Minuten backen. Die Schnitte danach auskühlen lassen und in Riegel schneiden. Die Riegel am besten in einer Metalldose mit Deckel aufbewahren. Sie halten sich 1–2 Wochen.

TIPP Das gute Verkneten der Müsliriegelmasse ist wichtig, damit die Riegel nach dem Backen nicht auseinanderfallen.

Für ein ganzes Backblech bereitet man einfach die dreifache Menge zu.

Laugenbrezel mit Salzbutter

Für 1 große Brezel

Für den Hefeteig:
12 g frische Hefe
1 TL Zucker
175 ml lauwarmes Wasser
25 g Butter
250 g Weizenmehl, Type 550
½ TL Salz

Für die Lauge:
7,5 g Natron
500 ml Wasser

Außerdem:
1 – 2 TL grobes Salz zum Bestreichen
Salzbutter

Für den Teig die Hefe in einer Schüssel zerbröseln und mit Zucker und 3 EL Wasser bedecken. 2 Minuten warten und das Gemisch gut verrühren. Die Hefemischung mit dem übrigen Wasser, Butter, Mehl und Salz in 10 Minuten zu einem Teig verkneten. Diesen anschließend mit einem feuchten Küchentuch bedecken und an einem warmen Ort 30 Minuten gehen lassen. Den Teig abermals gut durchkneten und weitere 10 Minuten ruhen lassen.

In der Zwischenzeit die Lauge zubereiten. Dafür das Natron mit dem Wasser aufkochen und abkühlen lassen.

Den Backofen auf 180 Grad vorheizen. Ein Backblech mit Backpapier auslegen. Den Teig zu einer langen Rolle formen. Die Mitte sollte etwas dicker sein, die Enden dünn auslaufen. Aus der Rolle auf dem Backblech eine Brezel formen. Die Brezel mit Lauge einstreichen und mit groben Salz bestreuen. Weitere 10 Minuten gehen lassen.

Die Brezel im Ofen in 25 – 30 Minuten goldgelb backen. Etwas abkühlen lassen und mit Salzbutter servieren.

TIPP Statt einer großen Brezel lassen sich natürlich auch kleine Brezeln oder Laugenstangen formen.

Die Buttermischung von Seite 24 schmeckt ebenfalls dazu.

Curry-Chili-Nüsse mit Honig

Für 1 Glas (400 ml)

125 g ungesalzene Erdnüsse
125 g ungesalzene Cashewnüsse
1 EL Honig
1 EL Rapsöl
1 TL Curry
½ TL Paprikagewürz
1 Msp. Cayennepfeffer
oder Chiliflocken
Salz

Den Backofen auf 180 Grad vorheizen und ein Backblech mit Backpapier auslegen. Honig mit Öl, Curry und Paprika in einer Schüssel verrühren. Nüsse dazugeben und mit Cayennepfeffer oder Chiliflocken und Salz würzen. Die Nüsse auf dem Backpapier verteilen und bei 180 Grad im Ofen etwa 12 Minuten rösten. Abkühlen lassen und in eine Dose oder ein Schraubglas füllen.

TIPP Geröstete Nüsse oder Mandeln sind ein schönes selbst gemachtes Mitbringsel zur Party. Dafür die Nüsse in ein Schraubglas füllen. Kreise aus Stoff oder Packpapier als Häubchen ausschneiden und mit einem passenden Band befestigen.

Gemüsechips

1 kleine Süßkartoffel
1 Kartoffel
1 Möhre
2 Zweige Thymian
2 – 3 EL Olivenöl
Fleur de Sel

Den Backofen auf 180 Grad vorheizen und 2 – 3 Backbleche mit Backpapier auslegen. Gemüse schälen und mit dem Sparschäler oder einem Gemüsehobel in hauchdünne Scheiben schneiden. Thymian waschen, trockenschütteln und die Blättchen abzupfen.

Gemüsescheiben gut mit Olivenöl vermischen und nebeneinander auf dem Blech ausbreiten. Thymian zusammen mit etwas Fleur de Sel über das Gemüse streuen.

Die Chips im Backofen 15 – 20 Minuten goldbraun backen. Zwischendurch zwei- bis dreimal wenden. Einige Minuten nach dem Herausnehmen sollen sie schön kross werden. Falls nicht, müssen sie noch einige Minuten nachbacken.

TIPP Statt (Süß-)Kartoffeln und Möhren eignen sich noch andere „trockene" Gemüse mit geringem Wasseranteil: Rote Bete, Pastinake, Petersilienwurzel oder Kürbis.

Grissini mit Parmesan, Oliven und Kräutern

Für 1 Backblech

10 g Hefe
1 TL Zucker
150 ml lauwarmes Wasser
ca. 70 ml Olivenöl
300 g Mehl
10 g Weichweizengrieß
1 TL Salz
70 g Parmesan oder Pecorino
1 EL Oliven
2 getrocknete Tomaten
1 Zweig Salbei
1 Zweig Thymian

Für den Teig die Hefe in eine Schüssel bröseln, mit dem Zucker bestreuen und mit 50 ml Wasser begießen. 2 Minuten warten und verrühren. Die Hefemischung mit dem restlichen Wasser, der Hälfte des Olivenöls, Mehl, Weichweizengrieß und Salz zu einem glatten Teig verkneten. Falls nötig, Flüssigkeit oder Mehl zugeben. Teig zu einer Kugel formen, mit einem feuchten Tuch bedecken und etwa 30 Minuten gehen lassen.

Währenddessen den Käse reiben und beiseitestellen. Oliven und getrocknete Tomaten fein hacken. Kräuter waschen, trockenschütteln, Blättchen abzupfen und Blätter ebenfalls hacken.

Den Teig nochmals gut durchkneten und in 3 Portionen teilen. Ein Drittel mit Oliven und Salbei, ein Drittel mit Tomaten und Thymian und eines mit Käse verkneten. Die Teigstücke zu länglichen Rollen formen, mit einem Tuch bedecken und 15 Minuten gehen lassen. ▸

Den Backofen auf 180 Grad vorheizen und ein Backblech mit dem restlichem Olivenöl einstreichen. Jedes Teigstück durchkneten, flachdrücken und wiederum 5 Minuten ruhen lassen. Anschließend dünne Scheiben abschneiden. Diese zu Grissini formen, die etwas länger sind als das Backblech.

Grissini auf das Blech legen und zunächst an den Rändern überlappen lassen. Wenn alle Grissini aufgelegt sind, den überstehenden Teig mit einem Messer abschneiden. Teigstangen im Ofen in 20–25 Minuten goldbraun backen und auskühlen lassen.

TIPP Grissini, die nicht sofort gegessen werden, können gut in einer Metalldose mit Deckel an einem trockenen Ort aufbewahrt werden. So bleiben sie einige Tage frisch.

Falls die vorgeschlagenen Kräuter nicht zur Hand sind, schmecken auch Rosmarin, Majoran oder Basilikum lecker.

Käsegebäck mit Pistazien und Thymian

Für 1 Backblech

2 Zweige Thymian
25 g Pistazien
75 g Emmentaler
1 Msp. Paprikagewürz
100 g Blätterteig
1 Eigelb

Thymian waschen, trockenschütteln und die Blättchen abzupfen. Thymianblätter und Pistazien hacken. Emmentaler fein reiben und mit Thymian, Pistazien und Paprikagewürz vermischen.

Den Backofen auf 180 Grad vorheizen. Ein Backblech mit Backpapier auslegen. Den Blätterteig zu einem dünnen Rechteck ausrollen und mit Eigelb bestreichen. Anschließend mit der Käsemischung bestreuen.

Den Blätterteig von der langen Seite her aufrollen und in 5 mm dicke Scheiben schneiden. Diese auf das Backblech legen und im Ofen 20–25 Minuten goldgelb backen.

TIPP Falls sich die Rollen schlecht schneiden lassen, diese einfrieren und halb gefroren in Scheiben schneiden.

Größere Mengen des Gebäcks lassen sich gut vorbereiten: Die gefüllten Rollen dann einfach in Folie wickeln und bis zum Gebrauch einfrieren.

Würstchen im Laugenteig

Für 10 – 12 Würstchen

Für den Hefeteig:
15 g frische Hefe
1 TL Zucker
150 ml lauwarmes Wasser
25 g Butter
250 g Weizenmehl, Type 550
1 gestrichener TL Salz

Für die Füllung:
10 Rostbratwürstchen
10 Salbeiblätter
Öl zum Braten

Für die Lauge:
7,5 g Natron
500 ml Wasser

Außerdem:
Sesam zum Bestreuen

Für den Teig die Hefe in einer Schüssel zerbröseln und mit Zucker und 3 EL Wasser bedecken. 2 Minuten warten und das Gemisch gut verrühren. Die Hefelösung mit dem übrigen Wasser, Butter, Mehl und Salz in 10 Minuten zu einem geschmeidigen Teig verkneten. Mit einem feuchten Küchentuch bedecken und an einem warmen Ort 20 Minuten gehen lassen. Den Teig abermals gut durchkneten und weitere 10 Minuten ruhen lassen.

In der Zwischenzeit für die Füllung die Rostbratwürstchen in einer Pfanne rundherum anbraten. Auf einem Teller etwas abkühlen lassen. Die Salbeiblätter waschen und trockenschütteln.

Außerdem die Lauge zubereiten. Dafür Natron mit Wasser aufkochen und abkühlen lassen.

Den Backofen auf 180 Grad vorheizen. Ein Backblech mit Backpapier auslegen. Den Teig dünn ausrollen und in 5 x 10 cm große Rechtecke schneiden. In jedes Teigrechteck ein Würstchen und ein Salbeiblatt einrollen. Die Wurstpäckchen auf das Backblech setzen. Den Teigmantel der Würstchen mit Natronlauge einstreichen und mit Sesam bestreuen. Die Päckchen weitere 5 – 10 Minuten gehen lassen und im Ofen in 25 – 30 Minuten goldgelb backen.

TIPP Statt Rostbratwürstchen kann man auch Wienerle einwickeln und backen. Sollte Hefeteig übrig sein: In einem Gefrierbeutel einfrieren oder Laugenbrötchen daraus backen.

Zitronenlimonade

Für 1 Liter Zitronenlimonade

4 Zitronen
100 g Zucker
680 ml eiskaltes Mineralwasser
Eiswürfel nach Belieben

1 Zitrone heiß abwaschen und gut abreiben. Anschließend die Schale dünn abschälen. Die übrigen Zitronen auspressen. 120 ml Saft abmessen. Zitronenschale mit Zucker und 100 ml Wasser aufkochen. Abkühlen lassen und den Sirup mindestens 1 Stunde im Kühlschrank ziehen lassen.

Den frisch gepressten Zitronensaft mit dem erkalteten Sirup vermischen. In Gläser oder Flaschen füllen und kurz vor dem Servieren mit dem kalten Mineralwasser aufgießen. Nach Belieben einige Eiswürfel hineingeben.

TIPP Statt Kristallzucker braunen Zucker verwenden. Er hat einen würzigen Karamellgeschmack.

Der Grundsirup aus Zucker, Wasser und Zitronenschale hält sich im Kühlschrank mindestens 1 Woche. Die fertige Limo sollte wegen des frischen Zitronensafts innerhalb von 48 Stunden getrunken werden.

Draußen

Sommer, Sonne, Sonnenschein, da möchte man gern draußen sein. Am liebsten mit leerem Bauch und vollem Pick-
nickkorb oder vorgeheiztem Grill. Hier kommen Fisch- und
Fleischliebhaber auf ihre Kosten. Aber natürlich werden
auch die Gemüsefans nicht vergessen.

Orientalischer Reissalat

100 g Basmatireis
Salz
2 EL Rosinen
3 Frühlingszwiebeln
½ Granatapfel
3 – 4 Zweige Blattpetersilie
1 EL Pistazien
1 Msp. frisch gemahlener
Koriander
1 TL Curry
1 Msp. frisch gemahlener
Kreuzkümmel
1 Msp. Zimt
1 Msp. Macis
1 Msp. Paprikagewürz
je 1 Zitrone und 1 Orange
4 – 6 EL Olivenöl
1 TL Honig

Für den Reis 250 ml leicht gesalzenes Wasser aufkochen. Basmatireis hineingeben, den Deckel auflegen und den Reis bei geringer Hitze in 15–20 Minuten gar ziehen lassen. Er ist fertig, wenn alles Wasser aufgesogen ist. Die Rosinen zum Reis geben, diesen kurz umrühren und abkühlen lassen.

In der Zwischenzeit Frühlingszwiebeln putzen und in feine Ringe schneiden. Granatapfel aufbrechen und die Kerne herauslösen. Blattpetersilie waschen, trockenschütteln und die Blättchen abzupfen. Einige schöne Blättchen beiseitelegen, den Rest fein schneiden. Pistazien grob hacken. Frühlingszwiebeln, Granatapfel, Blattpetersilie und Pistazien mit dem Rosinenreis in eine große Schüssel geben.

Für das Dressing Orange und Zitrone auspressen. Koriander, Curry und Kreuzkümmel in einer trockenen Pfanne unter Rühren leicht anrösten. Mit Zimt, Macis und Paprikagewürz in eine Schüssel geben. Öl, sowie Zitronen- und Orangensaft, Honig und Salz dazugeben und alles gut verrühren.

Das Dressing über den Reis geben und alles gut vermischen. Den Salat 1 Stunde ziehen lassen, vor dem Servieren nochmals abschmecken. Bei Bedarf mit Salz, Zitronensaft, Honig und Olivenöl nachwürzen. Der Salat schmeckt als Beilage beim Grillen und lässt sich super zum Picknick mitnehmen.

TIPP Zusammen mit gegrilltem Haloumi ist dieser Salat ein unschlagbares Mittagessen für heiße Sommertage. Vegetarisch, bunt und gesund!

Gegrillte Gemüse mit Zitronendressing

Für die Gemüsespieße:
8 kleine, festkochende
Kartoffeln
Salz
1 kleine Zucchini
1 Möhre
4–6 lange, holzige
Rosmarinzweige
8 Mini-Maiskolben
3 EL Olivenöl
1 TL Ajvar
(türkische Würzpaste
aus Paprikaschoten)
1 Knoblauchzehe
frisch gemahlener Pfeffer

Für das Zitronendressing:
1 unbehandelte Zitrone
1 TL Honig
oder Agavendicksaft
6 EL Olivenöl
Salz
frisch gemahlener Pfeffer

Für die Spieße Kartoffeln waschen und in Salzwasser bissfest kochen. Abschütten und ausdampfen lassen. Zucchini waschen, halbieren und in 5 mm dicke Scheiben schneiden. Die Möhre schälen und mit einem Sparschäler oder einem Gemüsehobel in Scheiben schneiden.

Rosmarinzweige waschen, trockenschütteln und bis 2 cm unter die Spitze entnadeln. Die Nadeln fein hacken und zur Seite stellen. Das vorbereitete Gemüse samt Maiskolben auf die Spieße stecken und in eine flache Form legen.

Olivenöl, Ajvar und gehackte Rosmarinnadeln verrühren. Die Gemüsespieße von allen Seiten mit der Marinade einpinseln, den Rest darübergießen und

alles 30 Minuten ziehen lassen. In der Zwischenzeit den Grill anheizen und das Zitronendressing zubereiten. Dafür die Zitrone heiß abwaschen und abtrocknen. Etwas Zitronenschale fein reiben und den Saft auspressen. Zitronenschale und Saft, Honig oder Algavendicksaft und Olivenöl in ein Schraubglas füllen, gut verschließen und schütteln. Das Dressing mit Salz und Pfeffer würzen.

Die Gemüsespieße aus der Marinade nehmen und etwas abtupfen. Spieße erst jetzt mit Salz und Pfeffer würzen und von allen Seiten so lange grillen, bis das Gemüse gar ist. Zusammen mit dem Zitronendressing servieren. Dazu schmeckt Weißbrot oder Reis.

TIPP Wenn es draußen regnet, können die Spieße auch in der Pfanne gebraten werden. Wer es deftiger mag, umwickelt die Spieße mit Speck.

Gegrillter Radicchio mit Feigendressing und gerösteten Nüssen

Für das Feigendressing:
2 reife Feigen
50 g frische Himbeeren
1 TL Dijonsenf
2 EL weißer Balsamicoessig
4 EL Olivenöl
1 Msp. Honig
Salz
frisch gemahlener Pfeffer

Für den Radicchio:
2 – 3 Zweige Thymian
1 kleiner Radicchio
grobes Salz aus der Mühle
3 EL Olivenöl
1 Zitrone
1 EL Honig
1 Handvoll geröstete Hasel-nüsse zum Bestreuen

Den Grill anheizen.
Die Feigen und die Himbeeren waschen. Eine Feige achteln und beiseitestellen. Die andere Feige für das Dressing würfeln und zusammen mit den Himbeeren in einer Schüssel zerdrücken. Das Fruchtmus mit Senf, Balsamicoessig, Olivenöl und Honig in ein Schraubglas füllen, den Deckel fest verschließen und kräftig schütteln. Mit Salz und Pfeffer abschmecken. Das Dressing bis zur Verwendung kalt stellen.

Für den Radicchio Thymian waschen, trockenschütteln und die Blättchen abzupfen. Die äußeren Blätter des Radicchio entfernen. Salat halbieren oder vierteln und den Strunk daran belassen. Radicchio mit der Hälfte des Olivenöls übergießen und mit der Hälfte des Thymians sowie mit grobem Salz bestreuen. Alles kurz einreiben. Die Zitrone auspressen.

Radicchio von allen Seiten grillen. Anschließend in ein flaches Gefäß legen, mit den restlichen Thymianblättchen bestreuen und mit dem restlichen Olivenöl, Saft ½ Zitrone und Honig marinieren. Mit den Nüssen und den übrigen Feigenstücken auf einer Platte anrichten. Mit dem Feigendressing servieren. Dazu passt Weißbrot.

TIPP Den Radicchio kann man auf gleiche Weise auch in der Pfanne zubereiten.

4 Knoblauchzehen
1 Bund gemischte Kräuter,
etwas Thymian, Petersilie,
Estragon, Basilikum und
Oregano
2 kleine Forellen à 250 g
2 Limetten oder Zitronen
Salz aus der Mühle
frisch gemahlener
schwarzer Pfeffer
4 EL Olivenöl
einige Bögen
Zeitungspapier
3 – 4 EL Butter

Forelle vom Grill

Den Grill anheizen. Knoblauchzehen in Scheiben schneiden. Kräuter waschen und trockenschütteln. Die Flossen der Forellen abschneiden und die Fische – falls noch nicht geschehen – ausnehmen und von innen und außen abwaschen und trockentupfen. Limetten oder Zitronen auspressen.

Die Fische von allen Seiten mit etwas Limetten- oder Zitronensaft marinieren, mit Salz und Pfeffer würzen. Die Bauchhöhlen der Fische mit der Hälfte der Kräuter und des Knoblauchs füllen.

Zweimal 3 Lagen Zeitungspapier bereitlegen und die restlichen Kräuter darauf verteilen. Die Fische auf die Kräuter legen, einige Kräuter obenauf legen und alles mit Olivenöl beträufeln. Die Fische fest in die Zeitungen einrollen. Die Enden wie bei einem Päckchen einschlagen. Nochmals in eine Lage Zeitungspapier einschlagen.

Beim Auflegen der Fische sollte die Glut des Grills ihren Höhepunkt gerade überschritten haben. Fischpäckchen vollständig in kaltes Wasser tauchen und kurz darin lassen. Das Wasser gut abtropfen lassen und die Fische auf den Grill legen.

Sobald das Zeitungspapier auf der Grillseite getrocknet ist, das dauert etwa 8 Minuten, die Päckchen herumdrehen und weitere 8 Minuten grillen. Noch zweimal umdrehen und in 8 Minuten fertig garen. Falls der Grill einen Deckel hat, diesen während der letzten 8 Minuten schließen.

Das Papier mit einer Schere öffnen, die Fische auf Teller geben, mit Butter, etwas Limetten- oder Zitronensaft, Salz und Pfeffer würzen. Sofort servieren! Dazu passt gut Weißbrot oder frischer Salat.

TIPP Die Garzeiten variieren je nach Größe der Fische, Grill und Hitze der Glut. Im Zweifel lieber bei geringerer Hitze und etwas länger garen. So bleiben die Fische richtig schön saftig. Auch wenn es so aussieht, als sei der Grill schon aus, heizt er in der letzten Garphase noch genügend nach.

Fischspieße mit Limetten-Joghurtdip

Für den Dip:
1 Limette
1 TL brauner Zucker
100 g Joghurt
Salz
1 Msp. Chiliflocken
3 – 4 Zweige Koriander

Für die Fischspieße:
250 g Lachsfilet
1 mittelgroße Zucchini
Salz
frisch gemahlener
Pfeffer

Außerdem:
6 Spieße
3 – 4 EL Öl zum
Einpinseln

Den Grill anheizen. Für den Dip die Limette auspressen. Den Saft mit Zucker, Joghurt, 1 Prise Salz und Chiliflocken verrühren. Koriander waschen, trockentupfen, die Blättchen abzupfen und hacken. Unter die Soße rühren und diese bis zur Verwendung kalt stellen.

Für die Fischspieße Lachsfilets waschen, trockentupfen und in Würfel von etwa 2 cm Kantenlänge schneiden. Zucchini waschen, putzen und der Länge nach in sehr dünne Scheiben schneiden. Diese nebeneinander auf ein Blech legen und mit Salz bestreuen. So werden sie biegsamer und brechen beim Aufspießen nicht so schnell.

Für die Spieße je 1 Zucchinischeibe an einem Ende auf einen Grillspieß stecken und einen Lachswürfel auffädeln. Nun den Spieß wieder durch die Zucchinischeibe stechen und einen weiteren Lachswürfel aufspießen. Den Vorgang ein drittes Mal wiederholen. Die übrigen Spieße auf die gleiche Art fertigstellen. Falls die Spieße nicht sofort verwendet werden, mit Folie abdecken und kalt stellen.

Die Spieße mit Salz und Pfeffer würzen. Anschließend mit etwas Öl einpinseln. Mit dem restlichen Öl den Grillrost einpinseln. Die Spieße von allen Seiten heiß angrillen und an einer weniger heißen Stelle 1 Minute ziehen lassen. Sofort mit dem Dip servieren. Dazu passt Weißbrot oder Reis.

TIPP Für die Lachs-würfel ein Stück aus der Mitte des Filets auswählen, dann werden alle Würfel gleich groß.

Hähnchenspieße mit Speck und Thymian

2 Zweige Thymian
3 – 4 Scheiben durchwachsener Speck
300 g Hähnchenbrust
grobes Meersalz
frisch gemahlener Pfeffer

Außerdem: 6 Spieße

Den Grill anheizen. Thymian waschen, trockenschütteln, die Blättchen abzupfen und fein hacken. Die Speckscheiben halbieren. Die Hähnchenbrust waschen, trockentupfen und in 12 gleich große Würfel schneiden.

Auf jede Speckscheibe etwas Thymian streuen und je 1 Hähnchenwürfel damit umwickeln. Je 2 Hähnchenstücke auf einen Spieß stecken und mit Salz und Pfeffer würzen.

Die Spieße von allen Seiten heiß angrillen. Dann an einer weniger heißen Stelle des Grills in etwa 5 Minuten fertig garen. Bei einem Grill mit Deckel den Deckel währenddessen schließen.

Der Limettendip der Fischspieße (siehe S. 126) passt auch gut zu den Hähnchenspießen.
Zitronenmayonnaise (siehe S. 131) und Kirschketchup (siehe S. 130) sind ebenfalls leckere Beigaben.

TIPP Um zu kontrollieren, ob das Fleisch gar ist, misst man die Kerntemperatur mit einem Thermometer. Diese sollte bei Geflügel mindestens 85 Grad betragen.

So garen die Spieße besonders schonend: Die Spieße nach dem Angrillen mit etwas Olivenöl und ein paar Kräuterzweigen in eine Aluschale legen. Diese mit Alufolie verschließen und die Spieße so an einer weniger heißen Stelle des Grills garziehen lassen.

Kirschketchup

1 Zwiebel
1 Knoblauchzehe
1 kleines Stückchen
Ingwer
1 kleiner Apfel
1 Orange
2 EL Olivenöl
zum Braten
70 g brauner Zucker
75 ml Apfelessig
300 g Sauerkirschen
ohne Stein (frisch, TK
oder aus dem Glas)
1 Zimtstange
1 Lorbeerblatt
Salz
frisch gemahlener
Pfeffer

Zwiebel, Knoblauch und Ingwer schälen und fein würfeln. Den Apfel waschen, vierteln, entkernen und würfeln. Die Orange auspressen. Olivenöl in einer Pfanne erhitzen und Zwiebeln, Knoblauch und Ingwer darin glasig anschwitzen. Apfel dazugeben und 1 Minute mitbraten.

Nun den braunen Zucker darüberstreuen und unter Rühren 1 Minute karamellisieren lassen. Mit Apfelessig und Orangensaft ablöschen. Kirschen, Zimtstange, Lorbeerblatt, etwas Salz und Pfeffer hinzugeben und alles 10 Minuten bei geringer Hitze köcheln lassen. Zimtstange und Lorbeerblatt herausnehmen.

Die Kirschmasse in eine Küchenmaschine geben und mixen. Zurück in die Pfanne geben und die Masse so lange köcheln lassen, bis sie schön sämig ist. Mit Salz und Pfeffer abschmecken. Das Kirschketchup in ein Gas füllen und sofort verschließen.

Der Kirschketchup passt besonders gut zu gegrilltem Hähnchen, Schwein und Kaninchen.

TIPP Selbst gemachter Kirschketchup hält sich einige Tage im Kühlschrank. Der Ketchup sollte stets mit einem sauberen Löffel entnommen werden.

Zitronenmayonnaise

½ unbehandelte Zitrone
1 kleines Ei
1 TL Senf
1 Prise Salz
frisch gemahlener Pfeffer
100 ml Olivenöl

Die Zitrone heiß abwaschen, abtrocknen und etwas Schale fein abreiben. Den Saft auspressen.

Das Ei mit 1 Msp. Zitronenschale, Senf, Salz und Pfeffer in ein hohes Gefäß geben. Den Zitronensaft hinzufügen und mit einem Mixstab homogenisieren. Weiter mixen und dabei das Olivenöl in einem dünnen Strahl dazugießen. So lange mixen, bis eine cremige Mayonnaise entstanden ist. Mit Salz und Pfeffer würzen

Die Zitronenmayonnaise in ein Glas füllen, gut verschließen und bis zum Essen kalt stellen. Die Mayonnaise schmeckt besonders gut zu gegrillten Meeresfrüchten und Fisch.

TIPP In jeden Fall für Gerichte mit rohem Ei immer ganz frische Eier verwenden.

Dinner

Besondere Anlässe für ein festliches Essen gibt es genug. Wie wäre es damit, das Menü mit einem Lachstatar als Amuse-Gueule zu beginnen? Oder an einem lauen Sommerabend auf dem Balkon das fruchtige Garnelencurry zu genießen? Ein Glas Wein dazu – herrlich.

Lachstatar im Glas

Für das Tatar das Lachsfilet von den Gräten befreien, waschen, abtrocknen und sehr fein würfeln. In eine Schüssel füllen und mit Zitronensaft, Anislikör sowie Salz und Pfeffer würzen. Lachs in Klarsichtfolie wickeln und im Kühlschrank 10 Minuten ziehen lassen.

Für die Soße die Sesamkörner in einer Pfanne rösten. Schmand mit Zitronensaft und der Hälfte der gerösteten Sesamkörner verrühren. Mit Salz und Pfeffer würzen.

Für den Salat Fenchel waschen, halbieren und den Strunk herausschneiden. Fenchel in feine Streifen schneiden oder hobeln. Mit 1 Prise Salz und dem Zucker verkneten. Das Fenchelgrün abzupfen, hacken und beiseitelegen. Zwiebel und Orange schälen. Zwiebel fein würfeln, Orange filetieren, dabei das Fruchtfleisch auspressen. Zwiebelwürfel, Orangenfilets, Orangensaft und Olivenöl unter den Salat rühren. Mit Pfeffer würzen.

2 Gläser bereitstellen und zunächst etwas Fenchelsalat einfüllen. Einen Klecks Soße und zum Schluss das Lachstatar daraufgeben. Mit Fenchelgrün und dem restlichen gerösteten Sesam bestreuen.

Für das Tatar:
100 g Lachsfilet
1 EL frisch gepresster Zitronensaft
1 Spritzer Anislikör
Salz
frisch gemahlener Pfeffer

Für die Soße:
50 g Sesam
1 EL Schmand
1 EL frisch gepresster Zitronensaft
Salz
frisch gemahlener Pfeffer

Für den Salat:
½ kleine Fenchelknolle
1 Prise Zucker
Salz
½ rote Zwiebel
1 kleine Orange
1 EL Olivenöl
frisch gemahlener Pfeffer

Lachstatar kann auch aus geräuchertem Fisch zubereitet werden. Dann aber sparsam salzen, da Räucherlachs schon sehr salzig schmeckt.

Tomatensuppe mit Brotchips

Für die Brotchips:
¼ Baguette vom Vortag
2 EL Olivenöl
grobes Salz aus der Mühle

Für die Tomatensuppe:
500 g vollreife Tomaten
2 Stangen Staudensellerie
1 Zwiebel
2 Knoblauchzehen
½ Bund Basilikum
1 Lorbeerblatt
1 TL Zucker
Salz
8 – 10 Kirschtomaten

Für die Brotchips den Backofen auf 180 Grad vorheizen. Baguette in hauchdünne Scheiben schneiden und diese nebeneinander auf ein Backblech legen. Mit Olivenöl beträufeln und mit Meersalz bestreuen. Auf der mittleren Schiene im Backofen in 15 – 20 Minuten goldbraun rösten.

Für die Suppe Tomaten waschen, putzen und grob würfeln. Staudensellerie putzen und in Stücke schneiden. Zwiebel und Knoblauchzehen schälen und ebenfalls würfeln. Basilikum waschen, abtrocknen und die Blätter abzupfen. Einige Blätter beiseitelegen.

Die übrigen Basilikumblätter mit dem Gemüse, Lorbeerblatt, Zucker und Salz in einen Topf geben. Mit 500 ml Wasser auffüllen, aufkochen und 10 Minuten sanft köcheln, anschließend 15 Minuten ziehen lassen.

Die Tomatenbrühe durch ein Sieb gießen, das Gemüse dabei mit einer Suppenkelle gut auspressen. Kirschtomaten waschen und in die Suppe geben. Diese nochmals aufkochen und mit Salz und Zucker abschmecken. Mit einigen Basilikumblättchen und Brotchips servieren.

Ziegenkäsetarte mit karamellisierten Orangen

**1 Stück Blätterteig
von 25 x 40 cm
2 – 3 unbehandelte Orangen
3 – 4 Zweige Thymian
100 g Ziegenfrischkäse
1 Ei
Salz
50 g Amarettini
2 EL brauner Zucker
frisch gemahlener schwarzer Pfeffer**

Den Backofen auf 175 Grad vorheizen. Blätterteigplatte auf ein mit Backpapier ausgelegtes Backblech legen und den Teig leicht ausrollen. Die Kanten rundherum zu einem kleinen Rand nach innen umschlagen.

Eine Orange heiß abwaschen, abtrocknen und etwas Orangenschale fein abreiben. Thymian waschen, trockenschütteln und die Blättchen abzupfen. Orangenschale mit der Hälfte des Thymians, Ziegenkäse und Ei vermischen. Mit Salz abschmecken.

Orangen mit einem scharfen Messer so schälen, dass keine weiße Haut mehr daran bleibt, und dann in Scheiben schneiden. Amarettini in einen Gefrierbeutel geben, verschließen und mit einem Nudelholz zerbröseln.

Kekskrümel auf dem Blätterteig verteilen. Käsemasse daraufstreichen und Orangenscheiben auflegen. Jede Scheibe mit etwas braunem Zucker bestreuen und die Tarte im Ofen 25 – 30 Minuten backen. Vor dem Servieren mit Pfeffer und den restlichen Thymianblättchen bestreuen.

TIPP Die Ziegenkäsetarte passt gut zu Blattsalaten. Besonders empfiehlt sich Radicchio, da das Bittere dieses Salates perfekt mit der Süße der Orangen harmoniert.

Garnelen mit Kokos-Currygemüse

250 g Hokkaido-Kürbis
½ Stange Lauch
1 reife Mango
1 EL Kokosflocken
1 Handvoll Kirschtomaten
1 Zitrone
2 EL Pflanzenöl
Salz
1 EL Curry
1 TL Honig
150 ml Kokosmilch
100 ml Gemüsebrühe
1 Msp. Cayennepfeffer
6 Riesengarnelen
frisch gemahlener Pfeffer
einige Zweige Koriander
Öl zum Braten

Den Kürbis heiß abwaschen, halbieren, entkernen und würfeln. Lauch waschen, putzen und in Ringe schneiden. Mango schälen, vom Kern abschneiden und das Fruchtfleisch würfeln. Kokosflocken in einer Pfanne ohne Fett goldbraun rösten. Kirschtomaten waschen und halbieren. Die Zitrone auspressen.

In einer Pfanne oder in einem Wok 1 EL Öl erhitzen. Zunächst die Kürbiswürfel anbraten. Mit Salz und Curry würzen, 1 Minute weiterbraten, anschließend mit Honig und etwas Zitronensaft beträufeln. Mit Kokosmilch und Gemüsebrühe ablöschen.

Kürbis 5–10 Minuten köcheln lassen. Lauchstreifen, Mango und Kirschtomaten dazugeben, weitere 3 Minuten garen und das Curry mit Cayennepfeffer abschmecken. Warm halten.

Garnelen schälen, einen kleinen Schnitt am Rücken machen und den Darm herausziehen. 1 EL Öl in einer Pfanne erhitzen und die Garnelen von beiden Seiten in etwa 1 Minute rundherum anbraten. Pfanne vom Herd nehmen und Garnelen 1 weitere Minute ziehen lassen. Dabei mit Salz, Pfeffer und restlichem Zitronensaft würzen.

Koriander waschen, trockenschütteln, Blättchen abzupfen und fein schneiden. Das Kokos-Currygemüse nochmals aufkochen, Koriander unterrühren und das Curry in 2 Schälchen anrichten. Mit den gerösteten Kokosflocken bestreuen und je 3 Garnelen darauf anrichten.

Schwertfisch-Involtini mit Pfifferling-Risotto

Für die Involtini:
300 g Schwertfisch
Salz
frisch gemahlener Pfeffer
4 Scheiben Parmaschinken
8 Salbeiblätter
2 Zweige Rosmarin
oder Thymian
1 Zitrone

Für das Risotto:
125 g Risotto
150 g Pfifferlinge
1 Schalotte
1 Knoblauchzehe
Salz
frisch gemahlener Pfeffer
50 ml trockener Weißwein
2 Handvoll junger Blattspinat
375 ml heiße Gemüsebrühe
1 EL Butter
2 EL frisch geriebener Parmesan

Außerdem:
4 Zahnstocher
Olivenöl und Butter zum Braten

Für die Involtini den Fisch in 4 Scheiben schneiden, salzen und pfeffern. Auf jede Fischscheibe eine Scheibe Schinken und 2 Salbeiblätter legen. Einrollen und jeweils mit einem Zahnstocher feststecken. Rosmarin- und Thymianzweige waschen, trockenschütteln und beiseite stellen. Die Zitrone auspressen.

Für das Risotto Pfifferlinge waschen und mit Küchenkrepp trockentupfen, putzen und je nach Größe halbieren oder vierteln. Schalotte und Knoblauch schälen und fein würfeln. Spinat waschen, in einem Sieb abtropfen lassen und putzen.

Pfifferlinge in 1 EL Öl rundherum 2 Minuten anbraten. Spinat dazugeben, 1 Minute mitgaren und alles mit Salz und Pfeffer würzen. Bei 50 Grad im Backofen warm stellen.

2 EL Öl in einem Topf erhitzen und Schalotte und Knoblauch darin glasig anschwitzen. Den Reis 1–2 Minuten unter Rühren mitschwitzen. Mit Wein ablöschen und weiterrühren, bis der Wein eingekocht ist. Nach und nach immer wieder etwas heiße Brühe angießen und unter ständigem Rühren bei mittlerer Hitze einköcheln lassen, bis das Risotto bissfest ist, das dauert 20–25 Minuten. Die Pilz-Spinat-Mischung, 1 EL Butter und den Parmesan unterrühren. Vorsichtig salzen und pfeffern.

Etwa 12 Minuten vor Ende der Garzeit des Risottos 2 EL Öl mit den Kräuterzweigen in einer beschichteten Pfanne erhitzen. Die Involtini einlegen, rundherum anbraten, die Hitze reduzieren, etwas Zitronensaft und etwas Butter zugeben und die Röllchen 4–5 Minuten garziehen lassen. Vom Herd nehmen und ggf. im Backofen warm halten. Risotto mit je 2 Involtini auf Tellern anrichten.

Rollbraten zu Fenchelsalat

Für den Braten:
1 kg küchenfertiger Schweinebraten
1 Zwiebel
2 Möhren
2 Stangen Staudensellerie
je 4 Zweige Rosmarin und Thymian
3 junge Knoblauchzehen
½ TL Fenchelsamen
Salz
frisch gemahlener Pfeffer
100 ml Bier
1–2 TL Speisestärke
1 EL kalte Butter

Für den Salat:
1 EL Sonnenblumenkerne
1 Zitrone
1 Prise Zucker
1 TL süßer Senf
3 EL Olivenöl
1 kleine Fenchelknolle
1 kleiner Apfel

Backofen auf 160 Grad vorheizen. Für den Braten Zwiebel und Möhren schälen. Zwiebel halbieren, Möhren in grobe Würfel schneiden. Sellerie waschen und holzige Stellen schälen. 1 Stange grob würfeln, die andere Stange in sehr dünne Scheiben schneiden. Rosmarin und Thymian waschen und trockenschütteln.

Von 2 Rosmarinzweigen die Nadeln und vom Thymian die Blättchen abzupfen und fein hacken. 1 Knoblauchzehe schälen und hacken. Fenchelsaat im Mörser zerstoßen. Rosmarin, Knoblauch und Fenchelsaat mit je 1 Msp. Salz und Pfeffer vermischen.

Die Schwarte des Schweinebauchs abschneiden und beiseite legen. Die Fleischseite mit dem Salz-Kräuter-Gemisch einreiben. Fenchelscheiben auf dem Fleisch verteilen, den Braten einrollen und mit Küchengarn zu einem Rollbraten binden. Rundherum mit Salz einreiben.

Schweineschwarte in einem Bräter auslassen und herausnehmen. Restliche Kräuterzweige und Knoblauchzehen hineingeben und den Braten von allen Seiten anbraten. Zwiebel-, Möhren- und übrige Selleriestücke dazugeben und anbraten. ▶

TIPP Bem Metzger 1 kg Schweinebauch mit Schwarte für einen Rollbraten bestellen, diesen aber noch nicht rollen lassen.

Braten mit Bier ablöschen und 150 ml Wasser angießen. Im Backofen mindestens 90 Minuten garen. Das Fleisch immer wieder mit Bratenflüssigkeit begießen und falls nötig noch Flüssigkeit zugießen.

Für den Salat Sonnenblumenkerne in einer Pfanne ohne Fett rösten, abkühlen lassen. Die Zitrone auspressen. Den Saft mit Zucker, Senf und Olivenöl zu einer Vinaigrette verrühren.

Fenchel waschen, putzen, vierteln und den Strunk entfernen. Das Fenchelgrün abzupfen und hacken. Fenchel hobeln. Apfel waschen, entkernen und mit Schale fein würfeln. Alles mit der Vinaigrette vermischen und mit Salz und Pfeffer abschmecken. Sonnenblumenkerne unter den Salat mischen.

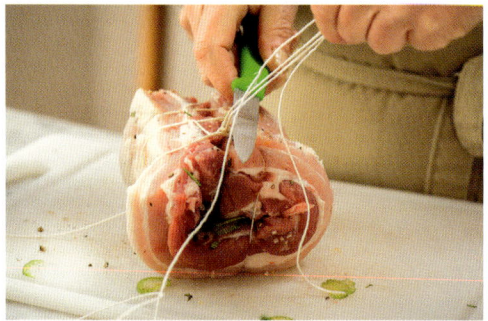

Rollbraten aus dem Ofen nehmen, Küchengarn entfernen und das Fleisch in Alufolie warm halten. Den Bratenfond durch ein Sieb seihen, nochmals aufkochen und mit etwas angerührter Speisestärke leicht binden. Abschmecken und zum Schluss die Butter einrühren. Fleisch in Scheiben schneiden und mit der Soße servieren. Dazu den Fenchelsalat und Weißbrot reichen.

TIPP Es lohnt richtig, gleich einen größeren Rollbraten zuzubereiten, er schmeckt auch kalt sehr lecker und eignet sich prima als weitere Mahlzeit zu Bratkartoffeln mit Remoulade. Besonders gut schmecken die Bratenscheiben, wenn man sie in der Pfanne röstet und mit dem Salat als Brotbelag isst.

Käsefondue mit Gemüse

1 Stück Gurke
1 Möhre
1 Stange Sellerie
1 kleines Baguette

Für das Fondue:
300 g Käse,
(Emmentaler, Vacherin, Greyerzer oder Comté)
1 TL Kartoffelstärke
3 EL Kirschwasser
1 Knoblauchzehe
150 ml trockener Weißwein
frisch gemahlener Pfeffer
frisch geriebene Muskatnuss

Gurke, Möhre und Sellerie waschen, Möhre und Sellerie schälen und beides in Streifen schneiden.
Baguette in daumendicke Würfel schneiden.
Alles für das Fondue auf den Tisch stellen.
Ein Rechaud und Fonduegabeln bereitstellen.

Für das Fondue den Käse reiben. Kartoffelstärke mit Kirschwasser glattrühren. Den Fonduetopf mit der geschälten Knoblauchzehe ausreiben. Den Weißwein auf dem Herd darin erhitzen und nach und nach den Käse einrühren.
Dabei mit einem Holzlöffel ständig rühren.

Käsemasse einmal aufkochen und mit der angerührten Stärke binden. Nochmals aufkochen und so lange rühren, bis eine glatte Masse entstanden ist. Zum Schluss mit Pfeffer und Muskat abschmecken.

Fonduetopf auf den Rechaud stellen und Weißbrot darin dippen. Zwischendurch immer wieder rühren.

Außerdem passen gekochte Pellkartoffeln, Früchte sowie roher Schinken oder Bündner Fleisch. In der Schweiz sind außerdem Perlzwiebeln und Cornichons als Beilagen unverzichtbar.

Steak mit selbst gemachten Fritten

Für die Pommes frites:
500 g festkochende Kartoffeln
Pflanzenöl zum Ausbacken

Für die Soße:
1 kleines Ei
1 TL Senf
4 EL Essig
100 ml Pflanzenöl
Salz
frisch gemahlener Pfeffer
½ Bund Schnittlauch

Für die Steaks:
2 Rumpsteaks à 225 g
4 Zweige Rosmarin
1 Knoblauchzehe
2 EL Pflanzenöl
2 EL Butter
1 Msp. Honig
etwas Rotwein
Salz
frisch gemahlener Pfeffer

Für die Pommes frites Kartoffeln schälen, waschen und in gleichmäßig dicke Stifte schneiden. Diese in kochendem Salzwasser gerade bissfest garen. Kartoffelstifte abgießen, auf Küchenkrepp ausbreiten und trockentupfen.

Für die Soße Ei, Senf und Essig in ein hohes Gefäß geben. Mit einem Mixstab verquirlen, dabei nach und nach das Öl einlaufen lassen. So lange mixen, bis die Soße eine mayonnaise-artige Konsistenz hat. Soße mit Salz und Pfeffer abschmecken. Schnittlauch waschen, trockenschütteln, in feine Röllchen schneiden und unter die Soße heben. Die Soße bis zum Servieren kalt stellen.

Nun die Steaks zubereiten: Den Backofen auf 100 Grad vorheizen. Rosmarin waschen, trockenschütteln und die Blättchen abzupfen. Knoblauchzehe schälen und mit dem Messerrücken andrücken.

2 EL Öl, Rosmarin und Knoblauch in einer Pfanne erhitzen und die Steaks von beiden Seiten je 1 Minute

kräftig anbraten. Steaks samt Kräutern und Knoblauch auf einen Teller oder in eine ofenfeste Form legen. Auf jedes Steak einen Teelöffel Butter geben und die Steaks für etwa 15–20 Minuten in den vorgeheizten Backofen stellen. Zwischendurch einmal wenden.
Die Pfanne, in der die Steaks angebraten wurden, erneut mit etwas Butter erhitzen. Den Bratensatz mit einem Spritzer Rotwein loskochen und reduzieren. Mit Honig, Salz und Pfeffer würzen und beiseitestellen.

In der Zwischenzeit die Pommes frites zubereiten: So viel Pflanzenöl in einer Pfanne erhitzen, dass es 1 cm hoch in der Pfanne steht. Kartoffeln in 2–3 Portionen darin goldgelb ausbacken. Mit einer Schaumkelle herausnehmen, kurz auf Küchenkrepp abtropfen lassen und gut salzen.

Zum Anrichten den Bratensaft mit dem neu entstandenen Bratensaft der Steaks nochmals aufkochen und einkochen lassen. Steaks auf vorgewärmten Tellern anrichten und damit übergießen. Pommes frites und Soße dazu reichen.

Lammkarree mit Pinienkern-Basilikum-Kruste und Rotweinschalotten

Für die Lammkarrees:
60 g Pinienkerne
1 Handvoll Basilikumblätter
1 EL Semmelbrösel
1 EL geriebener Parmesan
Salz
frisch gemahlener Pfeffer
2 Lammkarrees à 250–300 g

Für die Rotweinschalotten:
200 g kleine Schalotten
2 Knoblauchzehen
je 2 Zweige Thymian und Rosmarin
2 TL Zucker
150 ml Rotwein
50 ml Balsamicoessig
1 EL kalte Butter

Außerdem:
Pflanzenöl zum Braten

Für die Lammkarrees Pinienkerne in einer Pfanne ohne Fett rösten. Basilikumblätter waschen und trocknenschütteln. Mit Pinienkernen, Semmelbröseln und Parmesan in einer Küchenmaschine grob zerkleinern. Mit Salz und Pfeffer abschmecken.

Backofen auf 160 Grad vorheizen. Fettschicht der Lammkarrees entfernen und die Knochen sauberschaben. Karrees salzen und pfeffern und in einer Pfanne mit Öl von allen Seiten anbraten. Herausnehmen und kurz abkühlen lassen. Die Kruste auf den Lammkarrees verteilen. Im Backofen 15–20 Minuten weiterbraten. In der Zwischenzeit die Rotweinschalotten zubereiten: Schalotten und Knoblauch schälen. Thymian und Rosmarin waschen, trockenschütteln, die Blättchen und Nadeln abzupfen und mit 2 EL Olivenöl in einer Pfanne erhitzen. Schalotten und Knoblauch darin rundherum goldgelb anbraten.

Zucker darüberstreuen und alles 1 Minute karamellisieren. Schalotten mit Rotwein und Balsamicoessig ablöschen und mit Salz und Pfeffer würzen. Hitze reduzieren und die Schalotten 10 Minuten köcheln lassen. Die Flüssigkeit soll sich dabei um zwei Drittel reduzieren. Kräuterzweige danach herausnehmen.

Das Fleisch aus dem Ofen nehmen und mit Alufolie bedecken. In der Zwischenzeit den Grill des Backofens anheizen. Das Lammfleisch auf der oberen Schiene in etwa 5 Minuten goldbraun überbacken. Rotweinschalotten nochmals aufkochen, vom Herd nehmen und die Butter einrühren.

Die Lammkarrees zusammen mit den Rotweinschalotten auf einer Platte anrichten. Dazu passen Reis, Kartoffelpüree oder Rosmarinkartoffeln.

Rezepte-verzeichnis

Brot & Gebäck

Milchbrötchen 14

Brot aus der Pfanne 16

Crostini mit Erbsen-Basilikumpüree 22

Kleine Pfannkuchen mit Speck
und Frühlingslauch 40

Sandwich mit Linsen-Möhren-Aufstrich
und Feldsalat 56

Flammkuchen mit Birne,
Blauschimmel und Radicchio 78

Weckmänner 92

Kleiner Frankfurter Kranz 94

Hausgemachte Müsliriegel 100

Laugenbrezel mit Salzbutter 102

Grissini mit Parmesan, Oliven und Kräutern 108

Käsegebäck mit Pistazien und Thymian 111

Ziegenkäsetarte mit
karamellisierten Orangen 138

Fleisch & Fisch

Frühstücksspeck mit Honig und Thymian 29

Kräuter-Schnitzelchen
mit grünem Spargelsalat 44

Paprika-Kartoffel-Eintopf mit Schweinefleisch ... 50

Bunte Reispfanne mit Fisch und Nüssen 52

Matjesvariationen aufs Brot 58

Gebeizter Saibling auf Roggenbrot 60

Hähnchen-Paprikasalat im Fladenbrot 64

Bacon-Eggs 70

Würstchen im Laugenteig 112

Forelle vom Grill 124

Fischspieße mit Limetten-Joghurtdipp 126

Hähnchenspieße mit Speck und Thymian 128

Lachstatar im Glas 134

Garnelen mit Kokos-Currygemüse 140

Schwertfisch-Involtini
mit Pfifferling-Risotto 142

Rollbraten zu Fenchelsalat 144

Steak mit selbst gemachten Fritten 148

Lammkarree mit Pinienkern-Basilikum-Kruste
und Rotweinschalotten 150

Gemüse & Hülsenfrüchte

Englisches Frühstück:
Baked Beans mit Speck und Spiegelei 26

Hokkaido-Kürbissuppe mit Thymian 32

Tomaten-Pfirsich-Gazpacho 34

Rote Linsensuppe mit Hähnchen 36

Frittata mit Mangold, Rosinen
und Gewürzen 42

Mediterraner Brotsalat 62

Gemüse-Couscous mit Minze 68

Grüne Gemüsequiche 74

Gemüsechips 106

Gegrilltes Gemüse mit Zitronendressing 120

Gegrillter Radicchio mit Feigendressing
und gerösteten Nüssen 122

Tomatensuppe mit Brotchips 136

Getränke

Birnen-Buttermilch-Smoothie 28

Holunder-Bananen-Smoothie 28

Zitronenlimonade 114

Milch & Milchprodukte

Zitronen-Salzbutter 24

Schafskäse im Filoteig 38

Zitronenpudding mit Karamell 82

Joghurt-Kirscheis
mit weißer Schokolade am Stiel 84

Käsefondue mit Gemüse 147

Rezepte-verzeichnis

Nudeln, Reis & Kartoffeln

Pasta mit Hack, Pinienkernen
und grünen Bohnen 46

Kartoffelauflauf mit Speck und Walnüssen 48

Bauernpfanne mit Ei 66

Bratkartoffeln aus rohen Kartoffeln
mit Speck und Zwiebeln 72

Orientalischer Reissalat 118

Obst

Selbst gemachtes Bircher Müsli
mit gerösteten Kernen 10

Obstsalat mit Nüssen, Feigen und Datteln 12

Kirschenröster 18

Bananen-Schokoaufstrich 18

Avocado-Erdbeeraufstrich 20

Beerensorbet mit Sekt 97

Apfel-Crumble im Glas 88

Himbeer-Schokotartes 90

Kirschketchup 130

Sonstige Leckereien

Erdnuss-Karamellbonbons mit Rosmarin 86

Curry-Chili-Nüsse mit Honig 104

Zitronenmayonnaise 114